Fregat "Nadezhda"

An Evening at a Caucasian Spa in 1824

Alexander Bestuzhev

Фрегат «Надежда»

Вечер на Кавказских водах в 1824 году

Александр Бестужев

Fregat "Nadezhda"; An Evening at a Caucasian Spa in 1824

ISNB: 978-1-60444-879-5

Фрегат «Надежда». Вечер на Кавказских водах в 1824 году

© Индоевропейских Издание , 2018

ISNB: 978-1-60444-879-5

ФРЕГАТ «НАДЕЖДА»[1]

Посвящается Екатерине Ивановне Бухариной[2]

В начале бе слово.

Княгиня Вера *** к своей родственнице в Москву

О, как сердита я на тетушку Москву, что ты не со мной теперь, мой ангельчик Софья! Мне столько, столько надо рассказать тебе... а писать, право, нечего. Я так много прожила, столь многому навиделась в эту неделю!.. Я так пышно скучала, так рассеянно грустила, так неистово радовалась, что ты бы сочла меня за отаитянку[3] на парижском бале. И поверишь ли: я уж испытала, та cherie[4], что удивление – прескучная вещь и что новость приторнее ананасов. Двор и свет так закружили меня, что я могу выслушать самую безвкусную нелепость не поморщась, увидать прелестнейшую картину без улыбки. Но петергофский праздник[5], но сам Петергоф – о, это исключение, это жемчужина исключений!.. У меня еще до сих пор рябит в глазах и в уме, звенит в ушах от грома пушек, от кликов народа, от шума фонтанов и волн, рассыпающихся звуками о берега. Внимательно мы слушали, жадно, бывало, поглощали мы описание петергофских чудес с тобою; но когда я их увидела наяву, они поглотили меня, я забыла все, даже тебя, мой ангельчик! Я летала в небо вместе с водометом[6], падала вниз пуховою пеною, расстилалась благоуханною тенью по аллеям, дышащим думою, играла солнечным лучом с яхонтовыми волнами взморья. Это был день, – но что за ночь его

---

[1] Фрегат «Надежда». Впервые – в «Сыне отечества и Северном архиве», 1833, ЉЉ 9 – 17, за подписью: Александр Марлинский, с пометой: 1832. Дагестан.

[2] Бухарина Екатерина Ивановна – жена полковника Бухарина, коменданта Тифлиса, в доме которого бывали А. Бестужев и другие ссыльные декабристы в 1829—1830 гг.

[3] Отаитянка – жительница острова Таити (Полинезия).

[4] Моя дорогая (фр.)

[5] Петергофский праздник. – В Петергофе ежегодно проводился традиционный праздник-маскарад (1 и 21 июля по ст. стилю).

[6] Водомет (поэт., устар.) – фонтан.

увенчала!.. Залюбоваться надо было, как постепенно загоралась иллюминация: казалось, огненный перст чертил пышные узоры на черном покрывале ночи. Они раскидывались цветами, катились колесом, вились змеей, свивались, росли, – и вот весь сад вспыхнул!.. Ты бы сказала: солнце упало на землю и, прокатись, рассыпалось в искры... Пламенные вязи обняли деревья, перекинулись цветными сводами чрез дороги, охватили пруды звездистыми венками; фонтаны брызнули как вулканы, горы растаяли золотом. Каналы и бассейны жадно упивались отблесками, перенимали узоры, двоили их и, наконец, потекли пожаром. Ропот народа, сливаясь с шумом падающих вод и тихо выблемых дубрав, оживлял эту величавую картину своею дивною гармоникою... то был голос волшебника, то была песня сирены[7]. Часу в одиннадцатом ночи весь Олимп спустился на землю. Длинные колесницы понеслись по саду, и, право, блестящие дамы двора, которые унизывали их, подобно ниткам жемчужным, могли издали показаться мечтой поэта, – так блестящи и воздушны были они... не исключая и меня. На мне тогда было глазетовое платье, которое, не знаю, право, почему, называется при дворе русским, испод белый атласный с золотом... Что за фасон, что, за шитье, Софьюшка, – хоть на колени стать перед ним! Новый берет с райскою птичкою (мне подарил его вчера муж мой) очень шел ко мне, и если б я не верила зеркалам, то одобрительный около меня ропот мужчин мог бы убедить самого Фому неверующего[8], что твоя кузина очень недурна. Но ты ждешь, верно, описания петергофского маскарада, m'amie?[9] Боже мой! да откуда я возьму памяти или порядка!.. В голове моей образы толкутся будто мошки... Генеральские звезды гонят с неба звезды неба, учтивые рыбы Марлийского пруда[10] пародируют вместе с гвардейскими болтунами, которым пе худо бы взять у первых несколько уроков скромности, и я не могу вспомнить камер-юикера, чуть не плачущего над разбитым лорнетом, чтобы мне не представился Сампсон, раздирающий льва[11]. Статуи Аполлона Бельведерского и Актеона танцуют передо мной польский с графинею Зизи или княжною Биби... и я, право, боюсь, что

---

[7] Сирены – в греческой мифологии девы, пением завлекавшие моряков в опасные места.

[8] Фома неверующий. – Имеется в виду один из евангельских апостолов, который долго не верил в воскресение Христа; здесь: человек, с трудом верящий во что-нибудь.

[9] Мой друг (фр.)

[10] ...учтивые рыбы Марлийского пруда... – Марли – дворец в Петергофе (Петродворце), построен в 1721—1723 гг.; в прудах около дворца разводили рыбу.

[11] ...Сампсон, раздирающий льва... – Имеется в виду один из петергофских фонтанов.

начну рассказывать тебе про комплименты князя Этьеня, а заключу грибом, точащим воду[12].

Впрочем, все говорят, что маскарад был из самых блистательных, то есть давно не было истрачено такого множества румян и блесток, свечей и любезности. Твой дядюшка, le cher homme[13], навешал на себя столько украшений, что насмешники уверяли, будто он готовится к художественной выставке, а дородную москвитянку нашу, княгиню Z., за огромный шлейф ее, сравняли с зловещею кометой, и совершенно даром: она так ловко носила хвост свой, как лисица. Ты помнишь, я думаю, высокого адъютанта, который смешил нас прошлую зиму своими наборными фразами, пахнущими юфтью Буаста[14]?.. Eh bien, Sophie[15], про него генеральша Т. сказала, будто он доказал ей, что и башмаки есть оружие наступательное!.. Да где мне пересказать тебе все остроты или все плоскости, которые сыпались в толпе, как мишура с платьев! где мне припомнить всех, с которыми прогуливалась я, рука с рукой, в этом маскараде! Около меня змеями вились золотые и серебряные аксельбанты, и не одна генеральская канитель, не один черный ус трепетали и крутились от удовольствия, когда я произносила: «avec plaisir, monsieur[16]». Ах, как мне надоели эти попугаи с белыми и черными хохлами на шляпах, милочка!.. Они, кажется, покупают свои фразы вместе с перчатками. Как наши старинные московские обеды начинались холодным, так у них неизбежно отправляется вперед вопрос: «Vous aimez la danse, madame?[17]» Нет, сударь! Я готова возненавидеть танцы из-за танцоров, которые, как деревянная кукушка в часах моей бабушки, вечно поют одно и то же и наводят тоску своим кукованьем. Беда с такими кавалерами, но с прославленными остроумцами – вдвое горе! Они жгутом крутят бедный мозг свой, чтобы выжать из него каплю розовой воды или уксуса.

– Вы привлекаете на себя все глаза и все лорнеты, – говорил мне один дипломат, покачиваясь так важно, как будто б от его равновесия зависело равновесие Европы. – И посмотрите, княгиня, как загораются, как блестят все взоры, встречаясь с вашими; c'est un veritable feu d'artifice[18].

---

[12] В Петергофе есть беседка в виде гриба, которая нежданно обливает водой. (Примеч. автора.)

[13] Милый человек (фр.)

[14] ..юфтью Буаста?.. – Юфть – особый сорт мягкой кожи производства заводчика Буаста.

[15] Так вот, Софья (фр.)

[16] С удовольствием, сударь (фр.)

[17] Вы любите танцы? (фр.)

[18] Это настоящий фейерверк (искусственный огонь) (фр.)

– Не совсем, – отвечала я ему, – je vois beaucoup d'artifice, mais ou est done le feu?[19]

Поверишь ли, ma cherie, что в этом потоке голов, в этом млечном пути глаз голубых, серых, черных ни одно лицо не улыбнулось мне, как бы я желала, ни один взор не горел ко мне участием, – я не нашла в них ничего оригинального, ничего стоящего смеха или мысли. «Как мало здесь кавалеров!» – говаривали мы в Москве белокаменной; «как мало людей!» – говорю я здесь. Бесхарактерность провела по всем свой ледяной уровень. Напрасно будешь вглядываться в черты – не узнаешь ввек, какому народу, какому мнению принадлежат эти люди. Под улыбкой нет выражения, под словом не дороешься мысли, под орденами – сердца. Это какая-то картина, покрытая ослепительным лаком... ее дорого ценят по преданию, хотя никто не понял, что она изображает. Во весь сегодняшний вечер, в целый вечер, не удалось мне ни услышать, ни подслушать ни одной речи, которая бы врезалась в память. Говорили, говорили они, – да чего они не говорили, а что сказали? Только один, разговаривая со мной, сделал довольно удачное сравнение.

– Посмотрите вдаль и вкруг, – сказал он, – не правда ли, что этот бал похож на английский сад? Перья и цветы на дамах качаются, как прелестный цветник от поцелуя зефира. Там тянется польский, будто живая дорожка; там купы офицеров с зыбкими султанами стоят, как пальмы. Вот Уральский хребет в шитом златоносными песками мундире! Вот пещера с отголоском, повторяющим сто раз слово я. Далее: в этом горбуне вы видите мост, который никуда ие ведет; везде золотые ключи, которые ничего не отпирают; тут погребальную урну, хранящую французский табак, и девушек, бродящих окрест с невинными мечтами овечек. Даже, – продолжал мой насмешник, лукаво взглядывая на ряды пожилых дам, – если позволено вздуть сравнение до гиперболы, мы можем найти здесь не одну живописную развалину, не один обломок Китайской стены, не одну готическую башню, из которой предрассудки выглядывают, как совы.

– Bon Dieu[20], как вы злы! – возразила ему я. – Разве нельзя для сравнения найти предметов более игривых? Вы бы могли, например, поместить какой-нибудь победный памятник, какой-нибудь храм в этом саду, так же как в Царском Селе.

– В таком случае, – сказал мой партнер, раскланиваясь, – я беру на

---

[19] Я вижу много искусственности, но где же огонь? (фр.)
[20] Боже милостивый (фр.)

4

себя роль ростральной колонны[21]; но храмом, и притом храмом любви, будете вы!

Я с улыбкой взглянула на приветника… Как жаль, что он немолод и некрасив; и потом этот долгий, тонкий нос – самая неудачная его острота…

Мы уж дома.

Любви? любви? – зачем эта мысль вплелась в мое сердце, закабаленное свету, как эта живая роза в хитросплетенные косы мои? Почему не могу выбросить ее за окно, как я бросаю эту розу? Отчего я вздыхаю каждый раз, когда о ней услышу, и чуть не плачу, когда о ней вздумаю! О, добрая моя Софья! резвая, беззаботная подруга моего девичества! Если б ты знала, из какого тяжелого металла льются брачные венцы, если б ты поверила, что коробочка Пандоры[22] есть необходимый свадебный подарок, ты бы пожалела меня. Столько блеску, и так мало теплоты! Бегу навстречу к мужу моему, с горячностью ласкаюсь к нему… но он принимает меня, как учитель дитя он только терпит мои ласки, но не ищет их, не отвечает на них. Я почти только и вижу его за столом… и тогда трюфели заманчивее для него всех очей в мире. Домой привозит он только усталость от службы и скуку от искательства, и когда любовь моя просит взаимности, он, зевая, говорит приветствия!.. Нужны ли мне уборы, экипажи – он сыплет деньгами. Вздумается ли мне быть там и там – он не скажет нет, лишь бы я его не звала с собою; а его улыбка, его радушное слово дороже мне гостинца, и за один поцелуй я бы готова неделю просидеть дома. «Это почти жалоба», – скажешь ты, моя милая. Нет, душечка! это миг нетерпения, это пройдет; я только мимоходом хотела заметить, что грустно, очень грустно не иметь прихотей, которые бы не исполнялись, между тем как единственное справедливое желание безответно и безнадежно!.. Сердце мое вянет на холодной золотой звезде… вянет… и где любовь, где самая дружба, чтоб оживить его слезою участия?!

Полночь. Темно и тихо кругом… только море, как любовник, грозит и ластится к камням Монплезира[23], в котором живем мы; только вдали повременно мелькают на яхтах огоньки, как неясные мысли. Грусть клонит меня ко сну… До завтра, моя милая Софья.

Петергоф, 1 июля 1829 года.

---

[21] ..роль ростральной колонны… – Ростра – украшение колонн в виде носовой части древнего военного судна.

[22] …коробочка Пандоры…– то же, что «ящик Пандоры».См. коммент, к с. 82 тома I.

[23] ..к камням Монплезира… – Монплезир (ф р.) – дворец Петра I, сооруженный в Петергофе в 1714—1725 гг.

Письмо второе

от той же к той же

Закладую свою слезу против блестки, да, слезу, десять, двадцать слез даже (а это для меня не безделица, как ты знаешь, милая кузина), – ты никак не угадаешь, где я была сегодня. На гулянье верхом, на танцевальном завтраке? – скажешь ты. О, нет, это слишком обыкновенно. На смотру войск? Мимо. На фейерверке? Еще того менее. Я каталась, и знаешь ли где, и поверишь ли на чем?.. Не в пруде на пароме, не в реке на ялике, – вообрази себе... я каталась в открытом море, на сорокашестипушечном фрегате! О, я – уверена, что твое московское воображение, не видавшее нигде бури, кроме Чистых прудов, бледнеет перед мыслию о неизмеримости, об ужасах моря. Сущие пустяки, моя милочка! Мода и нас, робких женщин, может производить в героини, а раз ступивши на палубу, скоро ты приглядишься к страху, что в океане будешь как в гостиной. Ну, право, море – премилое создание, и мне так полюбилось оно с первого визита нашего знакомства, что я готова бы совершить путешествие кругом света. Вообрази себе... но нет... лучше себе припомнить, что надо начать сначала... m'y voila[24].

Я надеюсь, ты слышала, как нынешний государь любит флот?.. Он воскресил его, он вдохнул в него русскую силу и дал ему чистые лавры под Наварином[25]. Государю угодно было угостить двор и посланников прогулкою по морю; и в самом деле, какое угощение от достойного внука Великого Петра могло быть царственнее, величественнее отого! Катера были готовы, утро – прелесть... Двор начал размещаться... Признаюсь, неохотно рассталась я с беретом; казалось, мне больно оторвать стопу от земли, и я с трепетанием сердца спрыгнула в катер. Но когда весла грянули, когда длинная вереница шлюпок, из которых каждая подобилась плавучей корзине с цветами, ринулась в море, и впереди всех орлом полетел двадцативесельный катер, несущий в себе славу и надежду России; когда берега стали бегом уходить от нас, а далекий Кронштадт с

---

[24] Итак, начинаю (фр)

[25] ...лавры под Наварином. – В Наваринской бухте 8 (20) октября 1827 г. произошло морское сражение между флотом Турции и Египта, с одной стороны, и флотом России, Англии и Франции, – с другой. Сражение закончилось победой последних, в нем отличились будущие герои обороны Севастополя: П. С. Нахимов, В. А. Корнилов, В. И. Истомин.

дремучим лесом мачт поплыл к нам навстречу, – тогда безграничное море развилось за ним, синея и сверкая... страх мой перелился в тихое, новое для меня наслаждение, и мне стало так хорошо в ладье, будто в колыбели когда-то.

И вот миновали мы Кронштадт и приблизились к эскадре, готовой вступить под паруса. Матросы унизывали все снасти, все реи в узор и кричали ура! Едва государь с высочайшим семейством взошел на адмиральский корабль, весь флот поднял якоря, и катера наши приставали к ближним кораблям наудачу... Вид был восхитительный! Упавшие паруса образовали словно плавучую стену с огромными башнями. Мы долго спорили со своими подругами о выборе: одна хотела стонушечного корабля, толстого, как наш председатель палаты; другая, более умеренная, довольствовалась семидесятным, лишь бы на нем веял флаг контр-адмирала[26]; третья желала сесть на раззолоченную, разряженную, будто на бал, яхточку. Не знаю почему, только мне всех более понравился стройный фрегат, идеал легкости, красоты и силы. Он так гордо бросал в облака свои стрелы; долгие флюгера его так остроумно и прихотливо сверкали в воздухе, он сам так важно колебался на волнении... пушки его с таким любопытством выглядывали на нас из окон, что во мне родилось непреодолимое желание видеть это милое чудовище у себя под ногою. Не знаю, красивее ли всех или настойчивее всех подруг моих на катере была я, только победа осталась за мною. Офицер гвардейского экипажа, который левою ногою управлял кормилом нашей двенадцативесельной республики, отдал честь моему вкусу и поворотил под корму моего любимца. На поясе резвой его галереи золотыми буквами написано было: «Надежда». Это одно слово стоило предпочтения.

Висячая лестница устлана была флагами... Всходим... Вообрази себе! Нет, ты не можешь себе вообразить, что я там увидала! Не знаю, с чего начать, не знаю, можно ли кончить!.. То был новый мир, то была чудная поэма. Помост чистый, вылощенный, как стол; снасти, закрученные завитками, блоки, сверкающие как серьги, сетки, сплетенные фантастическими кружевами, медь горит как золото; чугун орудий как сизое вороново крыло! И потом – эта стройная суета кругом... это необозримое раздолье перед очами!.. По звуку серебряных свистков, казалось, великан наш размахнул широко руками, чтобы поймать ветер; грудь его надулась, и он, с каждым мигом ускоряя бег, ринулся, наконец, прямо, пожирая пространство. Голова моя закружилась каким-то обаятельным вихрем, и когда глаза мои прояснели опять, они встретились

---

[26] Флаг контр-адмирала – белый флаг с синим Андреевским крестом. Его поднимали всегда, когда на корабле присутствовал контр-адмирал.

с очами капитана корабля, которого не разглядела я сначала, хотя он и приветствовал нас при встрече. Природа, как говорит Шекспир, могла бы указать на него пальцем и сказать: вот человек[27]! Высокий, стройный стан, благородная осанка и это не знаю что-то привлекательное в лице, нисколько не правильном и столько выразительном, отличали его от прочих. Но глаза его – что это были за глаза, моя Софья! – влажные, голубые как волна моря, они сверкали и хмурились подобно волне, готовой и лелеять и поглотить того, кто ей вверится. В приемах его не было модной вертляности; в нем заметна была даже какая-то крутость, какая-то дикость, происходящая, быть может, не от замешательства; со всем тем это очень шло к нему. Он, краснея, говорил с нами; он опускал очи перед взорами дам, и сначала голос его дрожал как металлическая струна цитры. И вот наш дикарь оправился, поднял свои огнистые очи, стал рассказывать нам о всех эволюциях[28], о назначении каждой вещи так мило, так занимательно, так шутливо, что мы, женщины, забыли свою обычную болтовню и разве-разве вплетали в гирлянду рассказа кой-какие вопросы. Я упала с облаков, ma cherie. Судя по слухам, я самого любезного из моряков считала немного половчее моржа, играющего на гитаре, которого показывали в кадке под качелями, а тут нечаянно встретила на досках палубы человека образованного, хотя и в шляпе без султана, даже без плюмажа, – человека, который бы украсил любой паркет столичных гостиных. Занимаясь нами, он не забывал, однако, своей обязанности, и одно слово, один взгляд его двигали громаду корабля – эту гениальную мысль, одетую в дуб и железо, окрыленную полотном.

Мы сошли вниз; какая изысканность в роскоши кают! какой тонкий вкус в украшениях! Строй орудий вооружал оба борта. Ядра низались кругом красивыми бусами. Копья, топоры и все абордажные оружия развешаны были, как галантерейные вещи. Посредине просторного дека[29] (я вамучу тебя морскими шарадами) разевал свою пасть огромный люк, то есть отверстие, сквозь которое далеко, глубоко внизу, во мраке, глаз с ужасом распознавал ряды бочек и лапу огромного запасного якоря – надежда всегда остается на дне. Мужу моему всего более понравилась чугунная кухня со всеми затеями гастрономии. Когда ему ноднесли на пробу кусок говядины, назначенный для команды, он повторил фразу Лареньера: «Ainsi cuit on aurait mange son pere[30]».

---

[27] Природа, как говорит Шекспир, могла бы указать на него пальцем и сказать: вот человек! – слова Аптонио о Бруте из трагедии Шекспира «Юлий Цезарь» (1599).

[28] Эволюция – здесь: маневрирование находящихся в строю кораблей.

[29] Дек – закрытая палуба судна.

[30] С такою приправою можно съесть родного отца. (Примеч. автора.)

Наконец капитан незаметно свел нас au fin fond de Fenfer[31], и сердце у нас сжалось; мы все ахнули от страха, когда он сказал нам, помахивая свечкою, что мы находимся теперь в пороховой камере, в сердце корабля. Мне уже показалось, что заряды, несмотря на уверение, что они заключены в ящиках, прыгают около меня, как шутихи[32], что все горит около, что я дышу, что я задыхаюсь пламенем, – я быстро выпрыгнула на свежий воздух.

– И точно, вам всех более должно было опасаться взрына, – шутя молвил капитан, – один взор таких глаз – и какое сердце не взлетит на воздух!

Я на него взглянула.

Между тем эволюции шли своей чередою. Флот катился в открытое море; берега тонули. По приказу адмирала, высказанному флагами, корабли то строились в две линии, то обращались в другую сторону, то прорезывали одну линию другою... точно шахматы титанов; и мы так близко миновали другие корабли, что могли меняться приветами со своими знакомыми. Наконец император поднял свой штандарт[33], и едва победоносный орел взмахнул крылами в золотом поле – вмиг салютные выстрелы загремели, со всех судов. Ах! какой это был прелестный ад! Сначала клубы дыма отдельно катились по волнам, но скоро все море превратилось в жерло вулкана. Ветер не успевал разнести одну тучу, а уж другие напирали все выше и выше, все чернее и чернее. Не говорю о громе; я думала, что я на вечность оглохну, так что и страшной трубы не услышу. С кормы любовалась я на валы дыма и моря... Капитан фрегата стоял подле, задумчиво устремя на меня очи; мы молчали, да и можно ли было говорить под говором тысячи чугунных кумушек; но мне было так весело, будто игривый сон носил меня на крылах в пространстве. Вдруг, в трех шагах от меня, раздался еще выстрел и вслед за ним крик: «Упал, упал человек, тонет!» Я обмерла. Один кононер, прибивая заряд, был оглушен нечаянным его взрывом и с подмостков[34], на которых стоял он, сброшен за борт... В один миг несчастный очутился за кормою... потеряв память, он только крутился в пенной борозде, вьющейся вслед руля. Ни одной шлюпки не было спущено, а сброшенный ему поплавок плыл в другую сторону... Он уже погружался, еще миг – и он бы исчез; но в этот

---

[31] В самую глубь преисподней. (Примеч. автора.)

[32] Шутиха – род фейерверка.

[33] ...император поднял свой штандарт. – Императорский штандарт – особый флаг с изображением Балтийского, Белого, Каспийского и Черного морей. Его подъем означал пребывание императора на корабле.

[34] Вероятно, с бизан-руслений. Между вантпоутингсов нередко прорезываются порты. (Примеч. автора.)

миг капитан бросился с борта в море, – все ахнули, все прильнули к поручням; верхние пушки умолкли; и вот он вынырнул, схватил утопающего, плывет к кораблю, но корабль уходит... человеческая воля не может вдруг сдержать разбежавшуюся громаду. Ужас оледенил нас, когда увидели, что спаситель изнемогает под тяжестию: он стал кружиться на месте, окунулся, опять всплыл, опять ушел, и долго-долго пе было видно его!.. Вот золотой эполет блеснул из седой пены, но это было на два мгновения... Я уж пе могла ничего видеть, и когда раздирающий душу крик: «утонул!» раздался кругом меня, я потеряла чувства...

Как сладостно возвращаться к жизни, покуда одно телесное чувствует этот возврат, покуда какая-нибудь горестная мысль не пронзит ума... Так было и со мною. Вдруг воспоминание о погибели великодушного капитана сжало мне сердце будто стальною перчаткою, едва-едва я стала приходить в себя. Я с криком открыла глаза – и кто бы, думаешь ты, стоял за мною, орошая меня струями воды, текущей с утопленника как с зонтика. Ты угадала – это был он!..

Закрываю письмо, как я закрыла тогда глаза, чтобы хоть минутою долее насладиться таким сновидением... я была им так счастлива!.. О, дай мне еще раз улететь из светской жизни; дай мне, как пчеле, упиться росою этого цветущего воспоминания, я хочу забыться, хочу забыть, я забываю все остальное...

Петергоф, 2 июля 1829 года.

I

...E per questo, quand'io veggo clie g-li uomini cercano per una certa fatalita le sciagure COQ la l'anterna, e clie vegliano, sudano, piangono per fabbricarsele doloresissime, eterne – io mi sparpaglierei le cervella temen-do clie non mi cacciasse per capo una simile tentazione[35],[36]
Ugo Foscolo

---

[35] Эпиграф взят из романа «Последние письма Якопо Ортиса» (1798, письмо от 20 ноября) итальянского писателя Никколо Уго Фосколо (1778—1827).
[36] И потому, когда я вижу, как люди, в силу какого-то зова, ищут несчастий с фонарем в руках и как они стремятся в поте лица своего и в горести уготовить себе самые мучительные и вечные из них, – я готов пустить по ветру мои мозги, из боязни, как бы и в меня не перешло в конце концов подобное искушение. Уго Фосколо (ит.)

Две недели спустя после императорского смотра флоту в каюткомпании фрегата «Надежды», часу в одиннадцатом ночи, за ужинным столом сидел один уже лекарь Стеллинский. Все прочие офицеры разошлись по своим каютам, но сын Эскулапа, по достохвальной привычке, остался для химического разложения вновь привезенного портвейна. Рассуждая и прихлебывая, потом прихлебывая и рассуждая, он дофилософствовался до премудрого сомнения: голова ли вертится на плечах, или предметы около головы? Склоняясь более к последнему мнению, лекарь, казалось, поджидал, когда подойдет к нему одна из недопитых бутылок, танцующих перед ним оптический польский. Он, правда, порывался раза два отхлопнуть эту красавицу у свечи, тускло сиявшей между бутылками как разум между страстями, но глазомер изменял желанию, и длань героя блуждала в пространстве: окаянная шейка увертывалась из-под его пальцев не хуже школьника, играющего в жмурки. На беду, качка усиливалась с каждою минутою, и борьба силы самохранения с силой, влекущею лекаря к бутылке, по закону механики, вероятно кончилась бы тем, что его туловище отправилось бы по диагонали, проведенной от его носа под стол, но, к счастию, стол был привинчен к полу, и Стеллинский так вцепился в него руками, как будто хотел спастись на нем от потопления. В это время в кают-компанию вошел вахтенный лейтенант... его только что спустил товарищ поужинать. Скидывая измоченную дождем шинель, он уже смеялся на проделки Стеллинского.

— Эге, Флогистон ХИНИНОВИЧ[37], — молвил он, — ты, кажется, бедствуешь!.. Смотри, брат, не подмочи своих анатомических препаратов.

— Не бойтесь, не испортятся, — отвечал лекарь, размахнув руками как балансер на веревке шестом, отыскивая центр своей тяжести, — я их сохраняю в спирте!

— Прекрасное средство, — сказал лейтенант, глотая рюмку водки, — отличное средство, и я прошу извинить меня, господин доктор, что употреблю его теперь без вашего рецепта.

— Стократ блаженны те, которые лечатся и умирают по рецептам... Неужели вы, Нил Павлович, считаете рецепты бесполезными?

— Напротив, я считаю их преполезными — для закуривания трубок, — отвечал лейтенант, буквально врезавшись в кусок ростбифа и столь же проворно выпуская речи, как глотая говядину.

К счастию, что портвейн служил тому и другому путем сообщения, так что слова и ростбиф расплывались, не зацепляя друг друга.

---

[37] Флогистон Хининович – шутливое прозвище: флогистон – название летучего вещества, по мнению химиков XVIII века, выделяющегося при горении.

— Как, сударь, рецепты?., ре-ре-цепты? О, sana insania![38] Жечь векселя на получение здоровья!

— Скажите лучше, контрамарки на вход в кладбище. Впрочем, мне случалось не раз быть больным; не раз писал мне мой доктор и рецепты вдвое длиннее своего носа, хоть нос у него являлся накануне, а сам завтра. Я очень набожно брал их между большим и указательным перстами, держал на чистом воздухе в горизонтальном положении минут по пяти…

— И потом?.. — спросил лекарь, изумленный этим средством симпатической фармакопеи.

— И потом — пускал на ветер. Желудку моему от того было не хуже, а кошельку вдвое лучше.

— Вы, конечно, любите Ганеманновы выжидающие средства[39], Нил Павлович… и, надеясь на природу, подвиньте, пожалуйста, бутылку.

— Но ты, кажется, не гомеопат, Стеллинский, не хочешь ждать, чтоб природа подала тебе бутылку, и вместо капельных приемов тратишь столько вина зараз, что им бы, по методе Ганеманна, можно было напоить допьяна всех рыб Финского залива на пятьдесят лет, не считая этого. Однако, чем черт не шутит, разве не попадают порою в цель с завязанными глазами! Итак, вам же поклон, любезный внук Эскулапа. Вместо того чтоб ловить ночью мух, пошарьте-ка в кивоте своего гения — не отыщете ль в нем какого-нибудь действительного средства против сумасшествия?

— Разве вы хотите лечиться? — лукаво спросил лекарь, между тем как лицо его сморщилось в гримасу, которую в великий пост можно было бы счесть за усмешку.

— Ай да Флогистон Кислотворович! Славно, брат; право, хоть куда. Иной подумает, что ты изобрел этот ответ натощак. Но я все-таки ложусь на прежний румб и повторяю вопрос мой. Ты теперь в восторженном состоянии, в возвышенной температуре, так что зерном пороху, которое, сгорая, расширяется в тысячу раз против прежнего объема…

— ..Sic est[40]… притом же масоны красное вино называют красным порохом… картуз в дуло!.. Ну, теперь я заряжен. Итак, — продолжал, крякая и охорашиваясь, лекарь, — итак, вам угодно знать лекарство против сумасшествия?.. Гм! ге! Древние, между прочим и отец медицины…

— То есть мачеха человечества… — ввернул словцо лейтенант.

---

[38] О, здравое безумие! (лат.)

[39] ..Ганеманновы выжидающие средства… — гомеопатические лекарства, названные по имени основателя гомеопатии немецкого врача Самуэля Ганемана (Ханемана; 1755—1843).

[40] Так и есть (лат.)

– Гиппопократ, думали, что частое употребление галлебора, то есть чемерицы, или в просторечии чихотки, может помочь, то есть облегчить, или, лучше сказать, исцелить, повреждение церебральной системы… Да и почему же не так? Разве не знаем, или не видали, или не испытывали вы сами, что щепотки три гренадерского зеленчака[41] могут протрезвить человека, ибо нос в этом случае служит вместо охранного клапана в паровых котлах, чрез который лишние пары улетают вон. А поелику и самое безумие есть не что иное, как сгущенная лимфа, или пары, или мокроты, именуемые вообще serum, которые, отделяясь от испорченной крови, наполняют клетчатую мозговую плеву (в это время лекарь любовался гранеными изображениями стакана, из которого он орошал цветы своего красноречия)… гм, ге!.. плеву и, постепенно действуя и противодействуя сперва на тунику[42], потом на перикраниум, а наконец и на белое существо мозга… А, это, верно, птица, или пава?., почему Авиценна[43] и Аверроэс[44], даже сам Парацельс[45]… Пава, точно пава!., советуют диету и кровопускание! Другие же, как, например, Бургав[46], действуют шпанскими мухами[47], вессикаториями[48] и синапизмами[49]; третьи, чтоб сосредоточить ум, вероятно разбежавшийся по всему телу, бреют голову, льют холодную воду на темя и охлаждают его ледяным колпаком…

– Чтоб черт изломал грота-рей на голове проклятого выдумщика такой пытки! Мало содрать с живого кожу – так давай закапывать в лед, как бутылку вина на выморозки! Вся ваша медицина – уменье променивать кухонную латынь на чистое серебро, покуда матушка-природа не унесет болезни или ваши лекарства – больного!

– Прошу извинить, Нил Павлович… медицина… за ваше здоровье…

---

[41] Зеленчак – крепкий нюхательный табак, приготовляемый из зеленых листьев.

[42] Туника – у древних римлян – белая нижняя одежда; здесь: кожный покров.

[43] Авиценна – Ибн-Сина Абу-Али (ок. 980 – 1037 гг.) – выдающийся ученый-энциклопедист восточного средневековья, автор известного труда по медицине «Канон врачебной науки» и по философии – «Книга исцеления».

[44] Аверроэс Ибн-Рошд (Рушд; 1126—1198) – арабский философ, естествоиспытатель, автор многих работ по философии и медицине.

[45] Парацельс Филипп (1493—1541) – немецкий врач и естествоиспытатель, введший в практику новые химические препараты.

[46] Бургав Герман (1668—1738) – голландский химик, ботаник и врач, введший в практику новые лекарства.

[47] Шпанские мухи (мушки) – пластырь из порошка, приготовленного из высушенного жучка.

[48] Вессикаторий (фр.) – вытяжной пластырь.

[49] Синапизм (фр.) – горчичник.

происходит от латинского слова… как бишь его… ну да к черту медицину!.. А безумие, как имел я честь доложить, делится на многие разряды. Во-первых, иа головокружение, во-вторых, на ипохондрию, потом на манию, на френезию[50]…

– И на магнезию…

– Как на магнезию? Это что за известие? Магнезия не болезнь, а углекислая известь, а френезия, напротив…

– Есть вещь, о которой вы часто говорите, которую вы редко вылечиваете и которой никогда не понимаете… Не правда ли, наш возлюбленный доктор?

– Правда на дне стакана, Нил Павлович…

– То-то ей, бедняге, и достаются одни дрожжи.

– Пускай же она и вьется в них, как пескарь, – мы обратимся к нашему предмету.

– То есть к вашему предмету, доктор.

– Гм! ге! Вы верно не знаете, что многие врачи причисляют к безумию головную боль, цефальгию[51] и даже сплип!

– Не знаю, да и знать не хочу.

– Вещь прелюбопытная-с… Вообразите себе, что однажды (это было очень недавно) некто знаменитый русский медик, анатомируя тело одного матроса, нашел… то есть не пашел у него селезенки, сиречь spleen[52], которая и дала свое название болезни. Из этого заключили, что человек одарен в ней лишнею частию, без которой он легко бы мог жить. Правда, иные утверждают, будто в животной экономии селезенка необходима для отделения, желчи, но лучшие анатомисты до сих пор находят ее пригодною; только для гнезда сплина, считают украшением, помещенным для симметрии…

Медицинские лекции так еще свежо врезаны были в. памяти лекаря, что он и пьяный мог говорить чепуху с равным успехом, как и натрезве; но лейтенант, который кончил уже свой ужин, остановил оратора, так сказать, иа самом разлете.

– Устал я слушать твою микстуру, любезный доктор.. Вам, ученым людям, все то кажется лишним, чему вы не отыщете назначения, и если б вы не носили очков и тавлинок[53], то, чай, и нос осудили бы в отставку без мундира. Не о том дело, можно ли жить без селезенки, а о том, что худо

---

[50] Френезия (фр.) – воспаление мозга, помешательство.
[51] Цефальгия (фр.) – головная боль.
[52] Spleen, сплин (англ.) – тоска, уныние, хандра.
[53] Тавлинка – плоская табакерка из бересты.

служить без ума. Мне кажется, исчисляя: виды сумасшествия, ты пропустил самый важный, и этот вид называется любовь, и больной, зараженный ею, – капитан наш.

– Капитан?.. Вы шутите, Нил Павлович… – произнес лекарь, протирая туманные глаза и опять хватаясь за стул, как будто чувствуя, что, полный винными парами, он может улететь вверх, будто аэростат.

– Нисколько не шучу, – отвечал лейтенант. – Я повторяю тебе, что это Илья Петрович Правин, достойный, командир нашего фрегата, – Правин, со всеми буквами…

– Гм! ге! Вот что… так ои-то болен любовью?.. С вашего позволенья…

– Нет, вовсе без моего позволенья. Уж эта мне черноглазая княгиня! Она словно околдовала Илью Петровича. И то сказать, хороша собой как царская яхта, вертлява как люггер[54] и, говорят, умна как бес… Ты, я думаю, помнишь ее, – ну, ту высокую даму в черном платье, с которою в красоте изо всех наших гостей могла поспорить только фрейлина Левич… Как находишь ты, доктор, которая лучше?

– Мадера лучше, – возразил доктор.

Погруженный в созерцание бутылок, он только и слышал два последние слова.

– Мадера гораздо лучше; ближе к цели.

– То есть ближе к постели. И дельно, брат; пора твоей посудине в док на зимовку. Однако я говорю не о винах, доктор, но о дамах!

– О дамах, или, попросту, о женщинах? Гм! Да разве это не все равно? Молодая женщина и молодца как раз состарит… а старое вино помолодит и старика, – где яд, там и противоядие; где боль, там и лекарство.

– Грот-марса-фалом[55] клянусь! оба эти зла или оба эти блага вместе приведут хоть какой ум к одному знаменателю. Уж если б выбрать меньшее зло, я бы скорей посоветовал капитану трепать почаще бутылочную, чем женскую шейку; и, по мне, пусть лучше зарится он на карточные очки, чем на очи красавицы. От вина поболит голова, от проигрыша заведется в кармане сквозной ветер, но от дам, кроме головы и кармана, зачахнет и сердце.

– Сердце! Сердце? А что оно такое, как не химическая горлянка[56], в которой совершается процесс кровообращения и окрашивания крови

---

[54] Люгер (логгер; нем.) – небольшое двух – или трехпарусное судно.

[55] Грот-марс-фал. – Грот-марс – полукруглая площадка на палубе корабля в месте соединения мачты со стеньгою; фал – снасти для подъема рей, парусов, флагов.

[56] Химическая горлянка. – Горлянка – тыква, по форме сходная с бутылью; здесь: бутыль с химическим веществом.

посредством вдыхаемого кислорода!.. Читали ли вы Гарвея[57]?.. знаете ли вы трактат доктора Крейсига[58] о болезнях сердца?

— И все-таки, я думаю, в книге этого доброго немца так же трудно найти лекарство против болезни пашего капитана, как шутку в Часослове[59]. Право, я бы очень желал, чтобы ты, наш любезный доктор, хоть крашеной водою и пластырями, магнетизированием и шарлатанством продержал его месяца два на фрегате… Разлука и диета – два смертельные врага любви. Авось бы он развлекся службою; авось бы наши споры возвратили ему прежнюю веселость; а то он сам не свой теперь. Бывало, его калачом не сманишь с фрегата; ему не спалось на земле, ему душно казалось в городе, – а теперь все бы ему жить на берегу, да кататься на колесах, да лощить бульвары. Подумаешь, право, что он поймал эту глупую страстишку, как жемчужину со дна моря, в день смотра, когда спрыгнул в воду спасать утопающего канонера. За него нечего было ахать: он плавает, как ньюфаундлендская собака[60], – зато сам он растаял, когда увидел, что черноглазая княгиня, от участия к нему, в обмороке…

— Да, да, да, да!.. Теперь-то я припоминаю все дело. Я застал тогда капитана на коленях перед нею; он был мокр, как тюлень, а суетился, будто муха над дорожными. Подруга ее сама обеспамятела и, вместо того чтоб помогать, кричала только: «Воды, воды, кликните соль, принесите лекаря!..»

— Скажите пожалуйте, какая напраслина!.. Ты, кажется, тогда мог сам ходить!..

— У вас все шутки, Нил Павлович! Ну, вот как я вошел, подруга ее приказывала капитану распустить ее шнуровку!..

— Вот тебе и раз! – с ужасом вскричал лейтенант. – Распустить шнуровку! Пускай бы спросили у Ильи Петровича, куда проходит и где крепится последний гитов[61] на каждом судне христианского и варварийского флота – он рассказал бы это, как «Отче наш», от коуша[62]до

---

[57] Гарвей (Харви) Уильям (1578—1657) – английский врач, физиолог и эмбриолог, автор «Анатомического исследования о движении сердца и крови у животных» (1628).

[58]Крейсиг Фридрих (1770—1839) – немецкий врач, автор книги «Болезни сердца» (3 ч., 1814—1817).

[59] Часослов – книга, содержащая тексты некоторых церковных служб.

[60] Их называют иначе sauvetage-dogs… В Англии близ каждого опасного места лежит их множество; они, видя разбитое судно, кидаются в воду и вытаскивают утопающих; также пригоняют к берегу тюки и бочонки. (Примеч. автора.)

[61] Снасть для сдержки паруса. (Примеч. автора.)

[62] Кольцо желобком. (Примеч. автора.)

бензеля[63], а скоро ль было ему доискаться, где крепится дамский булень![64]... Зато уж и попалась в силок морская птичка!.. Видно, черт возьми, не всякое полушарив обойти безопасно, и хорошенькая дамочка бурливее мыса Горна[65]. С тех пор наш капитан рыскает, будто сам лукавый стоит у него на руле. Говоришь ему об укладке трюма, а он толкует о гирляндах. Просишь переменить якорь, а он переменяет жилет. Глядит в зрительную трубку, и ему кажется, что голландский гальот прогуливается по берегу в желтом платье. Налетит шквал, трещат стеньги, а он хохочет. Товарищи смеются, а он вздыхает. Мы пьем, а он смотрит в стакан, словно гадает на кофейной гуще, как тыюшка Пелагея Фарафонтьевна[66].

– Это мания, чистая мания!.. Это столь же верно, как и то, что гиппопотам пускает себе кровь тростником, боясь апоплексии, а собаки лечат себя от бешенства водяным шильником[67]... Это мания... ма-мания, говорю я вам...

– Зови как хочешь: от этого капитану не легче, нам не лучше. Да и, между нами будь сказано, к чему поведет такая глупая страсть? Она его не может любить: она замужем; а если и полюбит, тем хуже, – не должна. Если дело остановится на первом, – он исчахнет, но если, чего боже сохрани, дойдет до второго, – он совсем потеряет себя: он ничего не умеет делать и чувствовать вполовину... Я ведь знаю его с гардемаринского галуна до штабского эполета; от лапты на дворе Морского корпуса до картечи ваваринского дела. О, как бы дорого дал я! – вскричал от глубины сердца лейтенант, проглотив разом стакан вина, будто им хотел он залить свое горе, – я отдал бы все свои призовые деньги, лишь бы увидать моего доброго друга, Илью, в прежнем духе... Это душа в обществе, это голова в деле: добр как ангел и смел как черт!.. Я предвижу, что он настроит кучу проказ; он вовсе забудет службу, совсем покинет море... и что тогда станется с нашим лихим фрегатом, со всеми офицерами, с командою, что его так любит? Пусть лучше молния разобьет грот-мачту, пусть лучше сорвется руль с петель, пусть лучше потеряем мы весь рангоут[68], нежели

---

63 Закрепка. (Примеч. автора.)

64 Снасть сбоку паруса, удерживающая более в нем ветра. (Примеч. автора.)

65 ..бурливее мыса Горна... – мыс на острове Горн (к югу от Огненной Земли), около которого сильные ветры задерживают движение кораблей из Атлантического океана в Тихий.

66 Пелагея Фарафонтъевна – гадалка, известная в Петербурге в в 20-х годах XIX века.

67 Водяной шильник – болотное или растущее по берегам рек растение, используемое в народной медицине.

68 Все мачты, все дерево выше палубы. (Примеч. автора.)

своего капитана! С ним все это трын-трава, а без него команда не вывернет бегом якоря, не то чтобы на славу убрать в шторм паруса и перещеголять чистотою и быстротою англичан, как мы делывали в прошлом году в Средиземном море. Per bacco e signor diavolo![69] Я бы готов на полгода отказаться от вина и елея, лишь бы вылечить Илью… хоть, признаться сказать, я считаю это так же трудным, как проглотить собаку-блок[70] после ужина!..

Стеллинский в свою очередь говорил, не слушая лейтенанта, о медицине. Вино выказало страсти обоих – как обозначает оно в хрустале незаметные дотоле украшения.

– Должно начать леченье прохлаждающими средствами, – говорил он, зевая, – кремор-тартар… маг-мадера… потом пиявки, потом можно последовать совету славного римского врача Анахорета, который резал руки и ноги, чтоб избавить от бородавок, и сделать ам-пу-та-цию да тереть против сердца чем-нибудь спирту-о-зным!..

Сын Эскулапа был поражен Морфеем в начале речи – участь, грозившая слушателям, если б они были тут. Голова его упала на грудь, руки повисли, и он начал материально доказывать, что, согласно с мнением нашего знаменитого корнеискателя[71], русский глагол спать происходит от слова сопеть.

Но прежде чем лейтенант кончил говорить, а лекарь начал храпеть, дверь каюты распахнулась с треском: в нее вбежал вахтенный мичман, бледен, испуган.

– Нил Павлыч, – сказал он, задыхаясь, – нас дрейфует[72].

– Людей наверх, пошел все наверх! – крикнул лейтенант таким голосом, что он мог бы разбудить мертвых.

С этим словом он кинулся на шканцы без шапки и без шинели, – там уже заменявший его лейтенант хлопотал, как помочь горю. Окинув опытным взором море и небо, Нил Павлович увидел, что с погодою шутить нечего. Крутые, частые валы с яростью катились друг за другом, напирая на грудь фрегата, и он бился под ними как в лихорадке. Сила ветра не позволяла валам подыматься высоко, – он гнал их, рыл их, рвал их и со всего раската бил ими как тараном. Черно было небо, но когда

[69] Клянусь самим дьяволом! (ит.)

[70] Собака-блок – в морской терминологии один из блоков для поднятия парусов, около которого матросы часто получали увечья.

[71] …нашего знаменитого корнеискателя… – Речь идет об этимологических увлечениях А. С. Шишкова (1754—1841), автора «Рассуждения о старом и новом слоге российского языка» (1803).

[72] Тащит с якорем. (Примеч. автора.)

молнии бичевали мрак, видно было, как ниже, и ниже, и ниже катились тучи, будто готовясь задавить море. Каждый взрыв молнии разверзал на миг в небе и в хляби огненную пасть, и, казалось, пламенные змеи пробегали по пенистым гребням валов. Потом чернее прежнего зияла тьма, еще сильнее хлестал ураган в обнаженные мачты, крутя и вырывая верви, свистя между блоками.

– Пошел на брасы, на топенанты[73]; ходом, бегом! Надо обрасопить[74] реи вдоль судна. Задержал ли якорь? Есть[75], Слава богу! Г. шкипер! разнесен ли канат плехта?[76] Может, надо лечь фертоинг[77]. Сдвоить стопора на даглисте[78]... очистить бухты![79] Послать топор к правой кран-балке[80]; если крикну: «Отдай!» – разом пертулин[81] пополам. Г. мичман! вы эполетами отвечаете, если рустов[82] отдадут рано... не забудьте участи «Фалька[83]». Драй, драй, бакштаги в струну вытягивай! Ну, молодцы, шевелись, поплясывай! Не то я вас завтра в ворсу истреплю! Гей вы, на марсах! все ли исправно у вас? Ага! стеньги хрустят? Эка невидаль! Треснут – так на зубочистки годятся! Боцмана! осмотреть кранцы[84]: чтоб ни одно ядро не тронулось, – теперь некогда играть в кегли. Крепко ли задраены порты?[85] Г. штурман, много ли фут по лоту? Сто двадцать... лихо!.. Гуляй, душа! Далеко еще килю до рачьей зимовки!

Так или почти так покрикивал Нил Павлович, прибавляя к этому, как водится, сотни побранок, которые Николай Иванович Греч[86] сравнил с пеною шампанского. Он, казалось, попал в родную стихию: осматривал все своим глазом, успевал сам везде, и матросы, ободренные его хладнокровием, работали смело, охотно, но безмолвно, при тусклом свете

---

[73] Снасти, коими поддерживаются и обращаются реи. (Примеч. автора.)

[74] Поворот. (Примеч. автора.)

[75] На морском языке есть значит: да, исполнено. (Примеч. автора.)

[76] Плехт – один из больших якорей; даглист немного менее. (Примеч. автора.)

[77] На два якоря. (Примеч. автора.)

[78] Даглист (даглиск) – левый становой якорь.

[79] В кольца сложенные снасти. (Примеч. автора.)

[80] Кран-балка – механизм для подъема и передвижения тяжестей, брусов.

[81] Веревка, на которой висит якорь. (Примеч. автора.)

[82] Цепь, поддерживающая якорь в горизонтальном положении. (Примеч. автора.)

[83] Бриг «Фальк» погиб оттого, что якорь долго висел вертикально и, качаясь, прошиб лапою скулу судна. (Примеч. автора.)

[84] Места, где лежат ядра. (Примеч. автора.)

[85] Ставни амбразур. (Примеч. автора.)

[86] Греч Николай Иванович (1787—1867) – реакционный русский журналист и писатель, издатель журнала «Сын отечества» с 1812 по 1839 г. См. коммеит. к статье «Взгляд на старую и новую словесность в России».

фонарей. Порой, когда над головами их разражался перуи, подвижные купы их озарялись ярко и живописно – будто сейчас из-под мрачной кисти Сальватора, и только мерный стук их бега, только пронзительный голос свистков мешался с завыванием бури и с тяжелым скрипом фрегата.

– Ай да ребята, спасибо! – сказал Нил Павлович, потирая от удовольствия руки. – За капитаном по чарке! Теперь дуй – не страшно, мы готовы встретить самый задорный шквал, откуда б он к нам ни пожаловал. Хорошо, что я не послушал вас, – продолжал он, обращаясь к подвахтенному лейтенанту, – и спустил заране брам-стеньги[87]: их бы срезало, как спаржу. Я, правда, с вечера предвидел бурю: солнце на закате было красно, как лицо английского пивовара, и синие редкие тучки, будто шпионы, выглядывали из-за горизонта; признаюсь, однако, не ждал я никак такого шторма: все ветры и все черти спущены, кажется, теперь со своры... того и гляди, что сорвет с якоря и выкинет на финский берег по клюкву.

– Шлюпка идет! – раздалось с баку.

– Скажи лучше, тонет, – вскричал с беспокойством Нил Павлович. – Кому это вздумалось искать верной погибели? Опрашивай!

– Кто гребет?

– Матрос.

– С какого корабля?.. Есть ли офицер?

Шум бури и волнения мешал расслушать ответы...

– Кажется, отвечают: «Надежда», – закричали на баке[88].

– Ослы! – загремел Нил Павлович, который в эти время вскочил на фор-ванты[89], чтобы лучше рассмотреть шлюпку. – Разве не видите вы двух фонарей на водорезе?[90] Это наш капитан. Изготовить концы, послать фалрепных[91] с фонарями к правой!

Долгая молния рассекла ночь и оказала гонимую бурею шлюпку, с изломанной мачтой, с изорванным парусом. Огромный вал нес ее на хребте прямо к борту, грозя разбить в щепы о пушки, – и вдруг он опал с ревом, и мрак поглотил все.

– Кидай концы! – кричал Нил Павлович, вися над пучиною. – Промах! Другой! Сорвался... Еще, еще!

---

[87] Самые верхние части мачт. (Примеч. автора.)

[88] При опросе: есть ли офицер? – с шлюпки, когда в ней командир судна, отвечают именем судна. Бак – нос судна. (Примеч. автора.)

[89] Лестницы веревочные у передней мачты. (Примеч. автора.)

[90] Отправляя гребное судно на берег, условливаются взаимно о числе и месте фонарей, чтобы ночью можно было опознать и найти друг друга. (Примеч. автора.)

[91] Веревки для всходящих на лестницу (трап) корабля. (Примеч. автора.)

Новая молния растворила небо, и на миг видно стало, как отчаянные гребцы цеплялись крючьями и скользили вдоль по борту фрегата.

– Лови, лови! – раздавалось сверху, и многие верейки летели вдруг; но вихрь подхватывал их и они падали мимо.

– Боже мой! – вскричал Нил Павлович, сплеснув руками, – они погибли…

Но они не погибли; их не унесло в открытое море. Одни багор удачно вцепился в руль-тали[92], и по штормтрапу с горем пополам взобрались наши пловцы, чуть не утопленники, на ют (корму). Пустую шлюпку мигом опрокинуло вверх дном, и через четверть часа на бакштове[93] остался лишь один обломок шлюпочного форштевня[94].

– Ты жив, ты спасен, друг мой, брат мой картечный! – говорил добрый Нил Павлович, задушая в объятиях капитана. – Как не грех тебе пускаться в такую бурю! Сорвись последний крюк – и ты бы отправился делать депутатский осмотр карасям.

Но вдруг он вспомнил долг подчиненности – отступил на два шага и преважно начал рапортовать о состоянии судна и команды. В этой сцене было много забавного и почтенного вместе. Глядя тогда на Нила Павловича, вы бы сказали: «Он прекрасный человек, он достойный солдат!» Вы бы поручились за него, что он не изменит ни одному благородному чувству, как не преступит ни одной причуды службы.

– Благодарю сердечно, благодарю всех господ за исправность, – говорил капитан окружившим его офицерам, – а вас, Нил Павлович, особенно. За вами я бы мог спать спокойно, если б вы могли повелевать так же удачно стихиями, как вахтой. Но я предвидел ужасную бурю и хотел разделить с вами опасность. Могу вам рассказать новости о погоде, потому что я был там, куда не достанут ночью ваши взоры. Шквал налетит сию минуту. Готов ли другой якорь?

– Готов.

– Тем лучше. На баке ало! – закричал капитан в рупор. – Из бухты вон![95] Отдай якорь!

Как ни силен был плеск волн и рев бури, но послышалось, когда бухнул в воду тяжкий якорь и с глухим громом покатился канат из клюза.

– Шквал с ветра, шквал идет! – раздалось на баке. Случалось ли вам испытывать сильный шквал, на море?

---

[92] Снасти у руля, снаружи висящие. (Примеч. автора.)

[93] Вервь, на которую вяжут шлюпки за кормою. (Примеч. автора.)

[94] Носовая основа. (Примеч. автора.)

[95] Из бухты вон! – Бухта – снасти, сложенные в кольца; здесь: команда, подаваемая перед отдачей якоря.

Перед ним на минуту воцаряется какая-то грозная тишь, море кипит, волны мечутся, жмутся, толкутся, будто со страху; водяная метель с визгом летит над водою, – это раздробленные верхушки валов; и вот вдали, под мутным мраком, изорванным молниями, белой стеною катится вал... ближе, близко – ударил! Нет слов, нет звуков, чтоб выразить гуденье, и вой, и шорох, и свист урагана, встретившего препону; кажется, весь ад пирует и хохочет с какою-то сатанинскою злобою!.. Такой-то шквал налетел на фрегат «Надежду» и зарыл нос его в бурун, так что волна перекатилась по палубе до самой кормы.

Удар водяной массы и порыв ветра были так жестоки, что стопора[96] первого якоря лопнули, прежде чем канат второго вытянулся. Фрегат задрожал, как лист, и вдруг с невероятною быстротою кинулся по ветру. Второй канат, едва полузастопоренный, не мог сдержать корабля с разбегу, и оба вдруг пошли сучить в оба клюза.

Не каждому моряку во всю свою службу случалось видеть суматоху от высучки канатов. Это страшно и смешно вместе! Вообразите себе два каната чуть не в охват толщиною, которые с ревом и громом бегут с кубрика или из дека, где были уложены, вверх... Они вьются, как удавы, огромными кольцами, хлещут, как волны, взбрасывая на воздух все встречное – сундуки, койки, ядра, людей; и наконец, крутясь узлом через толстый брус битенга[97], зажигают его трением. Это пеньковый тифон, от которого все летит вдребезги или бежит с воплем. Напрасно кидают в клюз койки и вымбовки[98], чтобы сдавило и заело канат, – он бежит вон неудержимо.

К счастью, на фрегате оба каната закреплены были огоном за шпор[99] грот-мачты. Удары от внезапной задержки с разбегу заставили вздрогнуть весь остов, и едва-едва уцелели стеньги. Якоря забрали, фрегат стал в тот миг, когда капитан, не надеясь на канаты, послал по марсам, готовясь на обрыве вступить под паруса, чтобы жестокий норд-норд-ост не выкинул его на отмели и рифы негостеприимного берега Финляндии. Осмотрелись: люди были целы, изъян ничтожен. Волненье ходило горами, дождь лился потоком, и к довершению этой ужасно-прекрасной картины невдалеке показались смерчи, или тромбы. Они очень заметны были во мраке, вздымаясь, белые, из валов, как дух бурь, описанный

---

[96] Снасти, коими канат прикрепляется к кольцам (рымам), вбитым в палубу. Стопор происходит от англ. глагола to stop – останавливать. (Примеч. автора.)

[97] Устой для крепления канатов. (Примеч. автора.)

[98] Палки, которыми вращают ворот. (Примеч. автора.)

[99] Низ. (Примеч. автора.)

Камоэнсом[100]… Голова их касалась туч, ребра увивались беспрерывными молниями… Море с глухим гулом кипело и дымилось котлом около, – они вились, вытягивались и распадались с громом, осыпая валы фосфорическими огнями. Матросы с благоговейным ужасом глядели на это редкое для них явление.

– Не прикажете ли, капитан, попотчевать этих нс˜ вваных гостей ядрами? – спросил Нил Павлович.

– Прикажите только изготовить два плутонга пушек на оба борта, и стрелять тогда разве, когда какой-нибудь любопытный тифон вздумает пощупать нас за утлегарь. Мне не хочется делать тревоги в Кронштадте. Пожалуй, там подумают, что мы перепугались, что наша «Надежда» гибнет. – Так отвечал капитан Правин.

Миновалась опасность, но не буря. Ветер дул ровнее, но все еще жестоко, и фрегат, бросаемый волнением, то носом, то кормой ударялся в воду, разбрызгивая буруны в пену, но содрогаясь, но стеная и скрипя от каждого взмаха. Половину команды распустили по койкам; другая смирно жалась у стенок. Нил Павлович с рупором под мышкою ходил по шканцам, заботливо взглядывая то на море, то на капитана, – а капитан, безмолвен, стоял, опершись о колесо штурвала. Свет лампы из нактоуза[101] падал прямо на его бледное, но выразительное лицо. Взоры его следили вереницы летящих туч и бразды молний, их рассекающих… Он не чувствовал ни ветра, ни дождя; он долго не слышал голоса друга, – душа его носилась далеко-далеко.

Наконец Нил Павлович дернул его за рукав.

– О чем замечтался ты, Илья? – спросил он с братским участием.

Правин будто проснулся.

– О чем? Как легко это спросить, зато как трудно отвечать на это! Вихорь мыслей крутился в голове, и целый водоворот мыкал мое сердце. Если б я и умел тебе высказать все это, я бы не досказал всего до седых волос. Впрочем, нет действия без причины, и если я не смогу рассказать, о чем мечтал, то не умолчу, отчего эти мечты меня обуяли. Загадка, для чего нас от всей эскадры оставили одних на кронштадтском рейде, объяснилась: наш фрегат назначен в Средиземное море; мы повезем важные бумаги союзным адмиралам и президенту Греции.

– И, верно, ядра да картечи для закуски туркам! Грот-марса-рея меня убей, мне смерть хочется сцепиться на абордаж с каким-нибудь капитан-пашинским кораблем!

---

[100] Камоэнс Луис (1524—1580) – португальский поэт, автор эпической поэмы «Лузиады» (1572), описывающей путешествие Васко да Гамы.

[101] Шкаф, в котором хранится компас. (Примеч. автора.)

— Но я, милый Нил, я краснею за себя!.. Душа моя рвется надвое: одна половина хочет пустить корни в столице, между тем как другая жаждет раздолья и битвы. Итак, думал я, чем скорее, тем лучше... сегодня же, сейчас хотел бы я вырваться из оков своих... я с радостию ждал минуты, когда нас сорвет с якорей, чтобы распустить крылья и улететь из этого чада, растлевающего душу.

— Недолга песня скомандовать на марса-фалы! Не вступать под паруса в такую темную ночь, в такую бурю!..

— В бурю? — повторил рассеянно капитан, — в такую бурю! Что значит эта буря против бунтующей в моей груди?..

Нил Павлович долго и пристально глядел в лицо друга, — наконец крепко сжал ему руку и произнес:

— Бедный Илья!

Бедный Правин! — повторю и я.

Капитан-лейтенант Правин к лейтенанту Нилу Павловичу Накорину

Что бы ты сказал, что бы подумал ты, добрый друг мой, если б увидел мои вчерашние сборы на вечер к княгине**? Я, я, которому, так же как и тебе, до сих пор все платье шилось парусником, я затянулся в мундир, шитый самым лучшим, то есть самым дорогим портным столицы, да и тот не угодил на меня. То, казалось мне, не выровнены пуговицы, то проглядывают кой-где преступные складки... там это, здесь не то... словом, я бы на вечер приехал на завтрашнее утро, если б бой часов не заставил меня поторопиться. Волосы мои натированы[102] были помадою, белье пробрызгано духами; галстух не галстух, перчатки не перчатки, — верчусь перед зеркалом, молодец хоть куда. Повторив несколько раз все эволюции салюта и ордер марша по гостиной, и потом ордер баталии: «спуститься по ветру, чтобы прорезать линию неприятельских стульев, потом лечь в дрейф и начать перестрелку» — плащ на плечо, наемная карета у крыльца, качу.

---

[102] То есть высмолены, от английского слова tare – смола. Тируют только стоячий такелаж. (Примеч. автора.)

Крепко забилось мое ретивое, когда Каменноостровский мост задрожал под колесами моей кареты. И вот дача князя! В окнах сияет день, сквозь цветы мелькают тени, народу тьма, – храбрость моя роняет брамсели. Однако ж, снайтовя[103] сердце, перехожу авзалу так осторожно, будто сквозь каменистый вход в порт Свеаборга[104]. Имя мое из уст официанта раздается словно боевая пушка, – во мне занялся дух, и на глаза упал туман, хоть подымай сигнал: неясно вижу!.. Но экватор был уже перейден – ворочаться поздно; вхожу, кланяюсь без прицела, краснею будто каленое ядро, верчусь направо и налево не лучше рыскливого корабля – одним словом, чувствую сам, что я так же ловок, как выброшенный на берег кит, и мешаюсь вдвое пуще. Мужские лорнеты, казалось, сожигали меня в пепел; дамские взгляды пронизывали наперекрест, будто Конгревовы ракеты[105]; даже ковры егозили под ногами, и проклятые зеркала, это оптическое эхо, передразнивали в двадцати видах мое замешательство. О! если б знала княгиня, как дорого стоило моему самолюбию быть на такой выставке, она бы пожалела, она бы наградила меня! Вещь, которая для всякого светского повесы была бы или незначаща или приятна, во мне обращалась в истинное самоотвержение... Приехав в надежде понравиться княгине, я уже трепетал за то, что не понравлюсь... Стень ложного стыда удушала меня. К счастью, эта сцена была непродолжительна. Толстяк хозяин поспешал ко мне на выручку, и сама хозяйка, привстав с дивана, так ободрительно меня поприветствовала, что душа моя распрямилась вдруг... Я гордо поднял голову, я окинул всех светлым оком: что значила для меня невзгода всех пустоцветов и пустозвонов гостиной, когда я был уже обласкан тою, чья единственно ласка была дорога мне! Гости поняли эту мысль, и ропот затих, и все улыбнулись мне, будто по приказу. Общественное мнение всегда склоняется к тому, кто не дорожит им нисколько.

Меня усадили в полукруге между каким-то кавалером посольства, который глядел на весь мир с вышины своей накрахмаленной косынки, и незнакомым офицером, от которого еще благоухало браиловскою гюлябсу[106]. Первый надувал остроумием мыльные пузыри, другой

---

[103] Скрепя. (Примеч. автора.)

[104] Свеаборг – бывшая крепость в Финляндии, лежащая на островах у входа в гавань Хельсинки.

[105]Конгревовы ракеты. – См. коммент. к с. 92 тома I.

[106] Розовая вода; она в большом употреблении в Азии. Это арабские слова: гюль – роза и аб – вода, су (тоже вода) прибавляют азиатцы из невежества. У нас ее звали гуляф. Я гуляфпою водою белы руки мою! (Песня времен Елизаветы) (Примеч. автора.)

заклинался гуриями не хуже любого ренегата, прочие гости занимались умножением нуля, то есть переливали из пустого в порожнее. Самый важный спор шел о лучшем средстве чистить зубы после обеда. После неизбежных переспросов я притаился в креслах и дал полный разгул глазам и мечтам своим. Ты, не добиваясь патента на пророчество, угадаешь, к какому полюсу влекся компас мой, – это была она – истинный полюс, охваченный полярным кругом светской холодной суеты. И что такое были все эти собеседники, как не льдины: блестящие, но безжизненные, носимые ветром моды вместо своей воли и порой зеленеющие чахлыми порослями, какие видел Парри в Баффиновом заливе[107]; и этр-то называют они цветами общества!

Но возвратимся к ней, еще к ней, опять к ней! Я пил долгими глотками сладкий яд ее взоров, – мне было так хорошо! Она шутила – я отвечал тем же... Откуда что бралося! Недаром говорят, что любовь и сводит с ума и дает ум. Когда я говорил с нею, застенчивость покидала меня; зато едва другая дама обращала ко мне слово, я краснел, я бледнел, я вертелся на стуле, будто он набит был иголками, и бедная шляпа моя чуть не пищала в руках. Ты знаешь, что я могу лепетать по-французски не хуже дымчатого попугая; но знаешь и то, что, из упрямства ли или от народной гордости, не люблю менять родного языка на чужеземный. Вот, сударь, волей и неволей господа, удостоивавшие меня своим разговором, слыша твердо произнесенный отзыв: «Я не говорю по-французски», принуждены были изъясняться со мною по-русски, и признаюсь, я не раз жалел, что не взял с собою переводчика. Охотнее всех и, к удивлению моему, чище всех говорила по-русски княгиня, – это делает честь Москве, это приводило меня в восхищение. Рад ты или не рад, а меня берет искушенье послать к тебе кусочек нашего разговора, хоть я очень знаю, что разговор, как вафли, хорош только прямо с огня и в летучей пене шампанского.

Мы спорили. Княгиня верить не хотела постоянству чувствований моряков. Она называла нас кочевым народом, людьми, которые ищут двух весн в один год и гоняются за открытиями, чтобы оставить на них чугунную дощечку с надписью: тогда-то здесь был такой-то. Но разве быть значит жить? Или видеть значит чувствовать? Частые перемены мест не дают окрепнуть привязанностям до страсти, воспоминанию – до глубокого сожаления.

---

[107] ...льдины... какие видел Парри в Баффиновом заливе. – Парри Уильям (1790—1855) – английский исследователь полярных стран. Баффинов залив (Баффиново море) – залив между Гренландией и Баффиновой землей (Атлантический океан), названной в честь английского исследователя полярных стран Уильяма Баффина (1584—1622).

— Даже вы сами, — продолжала она, — вы — скиталец с ранних лет по далеким морям – признайтесь: надышавшись воздухом ароматных лесов Бразилии; набродившись по чудным коралловым островам Тихого океана или по исполинским дебрям Австралии; налюбовавшись плавучими ледяными горами Южного полюса, или волканами, раскаляющими небо своим дыханием, скажите, какова показалась вам после того болотная, плоская, туманная родина?

— Прелестнее, чем прежде, княгиня! Вы меня считаете в ощущениях ветренее всякой дамы, которая, сбросив с себя украшение, назавтра забывает или, нашедши, презирает его. Чувства нельзя забыть, как моду, и прекрасный климат не замена отечеству. Эти туманы были моими пеленами, эти дожди вспоили меня, этот репейник был игрушкою моего детства. Я вырос, я дышал воздухом, в котором плавали частицы моих предков, я поглощал их в растениях. Русская земля во мне обратилась в тело и в кости. О! поверьте мне, отечество не местная привычка, не пустое слово, не отвлеченная мысль; оно живая часть нас самих; мы нераздельная мыслящая часть его, мы принадлежим ему нравственно и вещественно. И как хотите вы, чтобы в разлуке с ним мы не грустили, не тосковали? Нет, княгиня, нет! в русском сердце слишком много железа, чтобы не любить севера!

— И в вашем тоже, капитан? — спросила княгиня.

— Я русский, княгиня: я суровый славянин[108], как говорит Пушкин.

— Тем на этот раз хуже: я ненавижу чугунные сердца, — на них невозможно сделать никакого впечатления!

— Почему же нет, княгиня! Разгорячите этот металл, и он будет очень мягок, и потом рука времени не сотрет того, что вы на нем изобразите.

— Но для изображения чего-нибудь надо ковать молотом, а это вовсе не дамское дело.

— Терпение, княгиня, дает уменье.

— Но всякий ли, капитан, может командовать терпеньем, как вы «Надеждою»? Да, кстати о «Надежде», – все ли в добром она здоровье?

— Напротив, княгиня, бури ее одолели с тех пор, как вы ее оставили.

— Надеюсь по крайней мере, — продолжала княгиня, все еще играя словами о имени моего фрегата, – надеюсь, она вас не покинула!

— Все равно почти: я очень далек от нее!

— Но, как верный рыцарь, не покидаете зато ее символа: на воротнике вашем таинственно блестят два якоря.

— Заметьте, княгиня, — примолвил я со вздохом, – они с оборванными канатами.

---

[108] Суровый славянин – выражение, взятое из стихотворения Пушкина «К Овидию» (1821).

В это время офицер, сосед мой, наклонившись сзади меня к дипломату, сказал ему вполголоса:

– Il se pique d'esprit, ce lion marin[109].

– Oui-da, – отвечал тот. – Il s'en pique![110]

– Et cette fois il n'est pas si bete qu'il en a l'air[111], – примолвил первый, презрительно покачиваясь на стуле.

Я вспыхнул. Такое неслыханное забвение приличий обратило вверх дном во мне мозг и сердце; я бросил пожигающий взор на наглеца, я наклонился к нему и так же вполголоса произнес:

– Si bon vous semble, mr., nous ferons notre assaut d'esprit demain a 10 heures passees. Libre a vous de choisir telle langue qu'il vous plaira – celles de fer et de plomb y comprises. Vous me saurez gre, j'espere, de m'entendre vous dire en cinq langues europeennes, que vous etes un lache?[112]

Не можешь представить себе, как смутился мой обидчик: он покраснел краснее своих отворотов, он окинул глазами собрание, как будто искал в нем подпоры или обороны, – но все отворотились прочь, будто ничего не слыхали. Наглец и тут хотел отделаться хвастовством.

– Очень охотно! – отвечал он, играя цепочкою часов. – Только я предупреждаю вас: я бью на лету ласточку.

Я возразил ему, что не могу хвастаться таким же удальством, но, вероятно, не промахнусь по сидячей вороне.

Противнику моему пришлось плохо, но мне было едва ль не хуже его. Гнев пробегал меня дрожью; я кусал губы чуть не до крови, я бледнел как железо, раскаленное добела. Невнятные слова вырывались из моих уст, подобно клочьям паруса, изорванного бурей… Присутствие людей, в глазах которых я был унижен и еще не отомщен, меня душило… наконец я осмелился поднять глаза на княгиню… Говорю: осмелился, потому что я боялся встретить в них сожаление, горчайшее самой злой насмешки… И я встретил в них участие, сострастие даже. Взоры ее пролились на мою душу как масло, утишающее валы… в них, как в зеркале, отражались и гнев за мою обиду и страх за мою жизнь… они так лестно, так отрадно укоряли и умоляли Меня!.. Я стих. Общество занялось прежним, будто не

---

[109] Он чванится своим умом, этот морской лев (фр.)

[110] Да, он им чванится! (фр.)

[111] Но на этот раз он не такой болван, каким кажется (фр.)

[112] Если вам удобно, сударь, мы проведем наше состязание в уме и красноречии завтра после десяти часов. Представляю вам избрать тот язык, который вам нравится, – включая сюда язык железа и свинца. Вы, надеюсь, позволите мне доставить себе удовольствие сказать вам на пяти европейских языках, что вы наглец? (фр.)

замечая нашего a parte[113]; разговор катился из рук в руки. Я чувствовал себя лишним, встал, раскланялся и вышел, но уже без замешательства, без оглядок: обиженная гордость придала мне самонадеяния.

– Мы надеемся видеть вас почаще, – молвил хозяин, прощаясь со мною.

Ступая за дверь, я обернулся… О друг мой, друг мой! я худо знаю женскую сигнальную книгу, но за взор, брошенный на меня княгинею, я бы готов был вынести тысячу обид и тысячу смертей!.. Завтра со своими пулями и страхами для меня исчезло… Всю ночь мне виделась только княгиня. Меня волновал только прощальный взгляд ее.

Петергоф, 17 июля 1829.

От того же к тому же

(День послед)

В Кронштадт.

Брось в огонь историю кораблекрушений, любезный Нил: мое сухопутное крушение куриознее всех их вместе, говорю я тебе. Воображаю, с каким изумлением протирал ты глаза, читая последнее письмо мое. Илья влюблен, Илья щеголь, Илья в гостиной, Илья накануне поединка!! По-твоему, все это для моряка столько же несбыточно, как прогулка Игорева флота на колесах, – и между тем все это гораздо более историческое, чем романы Вальтер Скотта. Счастливец ты, Нилушка, что не знаешь, не ведаешь, куда забросить может сердце вал страсти. Я стыжусь других, браню себя – и все-таки влекусь от одной глупости к другой. Беднягу ум укачало на этом волнении, и он лежит да молчит и, во все глаза глядя, ни зги не видит.

Впрочем, что ни толкуй, а от прошлого не отлавируешься. Дело было сделано: поединку решено быть; недоставало только тебя в секунданты… Благодаря, однако ж, принятому поверью в Петербурге через край охотников в свидетели суда божия, как говорили в старину –

---

[113] Тайного разговора (фр)

удовлетворения дворянской чести, как говорят ныне – с одинаковою основательности «). В десять часов утра мы съехались, раскланялись друг другу с возможною любезностию, и между тем как секунданты отошли в сторону торговаться о шагах и осечках, противник мой, видно по пословице: «утро вечера мудренее», подошел ко мне ласковый, тише воды, ниже травы.

– Мне кажется, капитан, – сказал он мне, – нам бы не из-за чего ссориться.

– Без всякого сомненья, нам не из-за чего ссориться, но драться есть повод, и весьма достаточный: я обижен вами как человек, как русский и как офицер; пули решат наше дело, – отвечал я.

– Но как решат, капитан? Убитый будет всегда виноват, а убитым можете быть и вы.

– Что ж делать, м. г.? Я ль виноват, что в вашем свете право заключено в удаче? У бьют – так убьют! Меня повезут тихомолком на кладбище, а вы поедете в театр рассказывать в междудействии о своем удальстве.

– Вы говорите об этом по преданию, капитан. Нынешний государь не терпит дуэлей; и если кто-нибудь из нас положит другого, ему отведут келью немного разве поболее той, в которую опустят покойника. Подумайте об этом, капитан!

– М. г.! обидчик вы, а не я; ваше дело было подумать о следствиях прежде, чем так дерзко шутить насчет другого!

– Но я вовсе не полагал, что вы знаете по-французски: вы сами сказали, что не говорите на этом языке.

– Значит, вы, м. г., плохо знаете русский язык, когда слово не говорю принимается за не понимаю!

– О! что касается до русского языка – я предаю вам его целиком! Мне вовсе неохота ломать копье за мадам грамматику; а так как я вижу, что вы благоразумный и достойный человек, капитан, то за удовольствие сочту кончить все по-приятельски.

– Благодарю за приязнь, м. г.; я не имею привычки дружиться под влиянием пуль или пробок! Мы будем стреляться!

– Если за этим только стоит дело, – мы будем стреляться; но как философы, как люди повыше предрассудков – так, чтобы и волки были сыты и бараны целы. Послушайтесь меня, – примолвил он тихо, отводя меня в сторону, – я знаю, что я не совсем прав; но разве и вы не виноваты?.. Вы можете принять, что я говорил о вас заочно, а заочно и про царей говорят!.. Я с своей стороны будто не слыхал чего-то резкого, вами в лицо мне сказанного. Сделаемтесь же как многие сделываются. Выстрелим друг в друга, но так, в сторону, мимо, понимаете? Об этом никто не будет знать: можно надуть даже самих секундантов. После выстрела я попрошу у вас извинения – и дело в шляпе, и шляпы на головах. После все станут кричать: вот истинно храбрые, благородные люди; один умел сознаться в своей ошибке, а другой остановиться в пору. Конечно, я мог бы попросить извинения и раньше; но извиняться перед дулом пистолета – это как-то нейдет, не водится; пожалуй, иной злословник скажет, будто я струсил, – а я дорого ценю свою честь!.. Итак, по рукам, любезный капитан!

Не можешь себе вообразить, какое глубокое презрение почувствовал я, видя столь бесстыдное хвастовство, прикрывающее столь расчетливое унижение; и в ком же? В человеке, который по привычке, если не по духу, должен быть храбрым или по крайней мере для мундира, если не для лица, храбрым казаться! Не могу верить, говорил маркиз Граммон[114], чтобы бог любил глупых. Не хочу верить, говорю я, чтобы женщина могла любить, а мужчина уважать труса. Я так взглянул на него, что он потупил глаза и покраснел до ушей. Не сказав ни слова, указал я ему на секундантов: они приближались с готовыми пистолетами; мы сбросили плащи и стали на тридцать шагов друг от друга, каждому оставалось пройти по двенадцати до среднего барьера. Марш.

У меня секундантом был один гвардеец, премилый малый и прелихой рубака... В дуэлях классик и педант[115], он проводил в Елисейские поля и в клинику не одного, как друг и недруг. Он дал мне добрые советы, и я воспользовался ими как нельзя лучше. Я пошел быстрыми, широкими шагами навстречу, не подняв даже пистолета; я стал на место, а противник мой был еще в полудороге. Все выгоды перешли тогда на мою сторону: я преспокойно целил в него, а он должен был стрелять на ходу. Он понял это и смутился: на лице его написано было, что дуло моего пистолета показалось ему шире кремлевской пушки, что оно готово проглотить его целиком. Со всем тем стрелок по ласточкам хотел предупредить меня, заторопился, спустил курок – пуля свистнула – и мимо. Надо было видеть тогда лицо моего героя. Оно вытянулось до пятой пуговицы.

– Прошу на барьер! – сказал я ему; он не слышал, он стоял как алебастровый истукан. Наконец секунданты подвели его к барьеру; и так силен предрассудок над духом, не только умом слабых людей, что он

---

[114] Граммон Теодуль де (1765—1841) – маркиз, французский политический деятель; как депутат законодательного собрания защищал конституционные принципы.

[115] В дуэлях классик и педант... – выражение из романа Пушкина «Евгений Онегин».

выискал в стыде замену храбрости и принудил себя улыбнуться в тот миг, когда бы со слезами готов был спрятаться в кротовую норку, придавленную его пятою. Секундант с дипломатическою точностию поставил его боком, с пистолетом, поднятым отвесно против глаза, для того, говорил он, чтобы по возможности закрыть рукою бок, а оружием голову, хоть прятаться от пули под ложу пистолета, по мне, одно, что от дождя под бороной. Это плохое утешение для человека, по котором целят на пяти шагах, и как ни вытягивался противник мой, чтоб наименее представить площади пуле, но если б он превратился даже в астрономический меридиан, все еще оставалось довольно места, чтобы отправить его верхом на пуле в безызвестную экспедицию. Я два раза подымал пистолет и два раза опускал его поправить кремень, наслаждаясь между тем страхом хвастуна; наконец мне стало жаль его, или, прямее сказать, он стал мне так презрителен, что я подумал: «Для таких ли душ изобретал порох Бертольд Шварц[116], а Лепаж[117] тратил свое искусство?» – отворотился и выпалил на воздух. Противник мой чуть не запрыгал от радости и схватил бы меня за руку, если б я не спрятал ее в карман.

– Господа! – сказал он, обращаясь к секундантам, – теперь, выдержав выстрел (ему следовало сказать: «выслушав выстрел»), я долгом считаю просить у моего противника извинения… то есть прощения, – примолвил он, заметив, что мой секундант принялся снова заряжать пистолеты. – Я был, точно, виноват перед ним, – довольны ли вы этим? Что ж до меня касается, то отныне я стану говорить всем и каждому, что г. Правин самый храбрый и благородный офицер.

– Жалею, что не могу отплатить вам тем же, – сказал я своему противнику. – Господа! благодарю вас… Прощайте!

– Лихо! – сказал мой секундант, влезая за мной в карету. Она помчалась в город.

С. – Петербург

---

[116] Бертольд Шварц – францисканский монах; по преданию изобрел порох в начале XIV века.
[117] Лепаж – знаменитый французский оружейный мастер начала XIX в.

От того же к тому же

(Два дня спустя),

В Кронштадт.

Перевяжи узлом мой брейд-вымпел[118], любезный друг, опусти – его в полстеньги, вели петь за упокой моего рассудка, – приказал он долго жить! Его стоит выкинуть теперь за борт, как пустую бутылку. Да и какая бы голова устояла против электрической батареи княгини Веры? До сих пор мне казалось, что привязанность моя к ней – одна шалость; теперь я чувствую, что в ней судьба моей жизни, в ней сама жизнь моя. Сначала в воображении моем любовные узы путались со снастями; еще фрегат наш заслонял порой милый образ своими лиселями[119] и бурное море оспоривало владычество у любви; теперь же все соединилось, слилось, исчезло в княгине; не могу ничем заняться, ничего вообразить, кроме ее: все мои мечты, все страсти мои скипелись в три магические буквы: она. Это весь мой мир, вся моя история. Но что я рассказываю, но кому говорю я! Может ли бесстрастный человек постичь меня, когда я сам себя не понимаю! Можешь ли ты, со своим медным секстаном, со своими вычислениями бесконечно малых, охватить это новое, лишь сердцу доступное небо, определить быстроту и путь этой реющей ио нем кометы! По крайней мере ты можешь пожалеть меня, своего друга, – меня, который не завидует ничему в обеих жизнях: ни венку гения на земле, ни крыльям серафимов в небе, ничему, кроме взаимности Веры. О! если б ты видел теперь мое сердце и если б ты был способен к поэзии, ты бы сравнил его с Мельтоновым Эмпиреем[120], оглашенным битвою ангелов с демонами!.. Оно – да нет у меня слов выразить, что такое переполняет, волнует, – взрывает его!! Может ли сказать какой-нибудь путешественник-денди, скрипя табакеркою, выточенною из лавы: «Я знаю, что такое лава!» Вот мое письмо – вот мое сердце. Не станем же переводить высокое на смешное, не станем точить игрушек из молнии. Ио могу ли не говорить о ней, когда о ней одной могу я думать! Очень знаю, что мое болтанье для

---

[118] Брейд-вымпел – флаг командира корабля.

[119] Паруса, сбоку других поднимаемые. (Примеч. автора.)

[120] ..с Мельтоновым Эмпиреем… – Имеются в виду эпизоды из поэмы английского поэта Дж. Мильтона (1608—1674) «Потерянный рай» (1667).

тебя несноснее штиля, скучнее расходной тетради офицерского стола, где все страницы испещрены рифмами: водки – селедки, шпеку свиного – уксусу ренекоеого и тому подобными, – но если ты не хочешь, чтобы друг твой задохнулся от сердечного угара, то читай волей и неволею, что я неволею пишу.

В самый день моего глупого поединка я поскакал к княгине, несмотря ни на какие приличия. Мне хотелось показать ей, что я жив, что я не трус, ибо мысль показаться трусом в глазах всякой женщины была бы для меня нестерпима, а в ее глазах вовсе убийственна. Колокольчик прозвенел.

– Княгиня в саду, княгиня изволит прогуливаться.

– С кем?

– Одна-с!

Бросаюсь туда опрометью; сердце бьет рынду[121]; замечаю ее на траверзе[122] и прямо прыгаю к ней наперерез, через цветник; встречаюсь, – и что ж? Останавливаюсь перед ней без слов, без дыхания… В глазах у меня кружилась огненная метель, а язык будто растаял. Бездельная опасность протекла между нами, как долгие лета разлуки, и уже сколькими чувствами надо было поделиться, сколько променять рассказов! Я был так рад и так смущен, что забыл скинуть шляпу. Хорош был я, нечего сказать; зато и она была не лучше. Румянец пропадал и выступал на белизне ее щек попеременно; она протянула навстречу ко мне руки, она готова была вскрикнуть от изумления, заплакать от радости – да, да, от радости! Это не была мечта самолюбия. Сладостна, неизъяснимо сладостна была для меня эта немая сцена; отрадно это лицо, горящее ко мне участием, – и все исчезло вмиг, подобно туману, который принимаешь иногда за берег: дунет ветер и спахнет обетованную землю!

Княгиня оправилась; никакого выражения, кроме обыкновенного участия, не осталось на ее лице. Боже мой, что за хамелеон светская женщина!

– Как я рада вас видеть здоровым и невредимым, капитан, – сказала она мне. – Скажите скорей, как вы кончили вашу ссору с NN? Где он? что с ним сталось?

– Я оставил его на месте, – был ответ мой: я был уколот ее участием к моему противнику.

– Бог мой! вы убили его! – вскричала княгиня.

– Успокойтесь, княгиня, он будет долголетен на земле. Я оставил его здоровее, чем прежде поединка.

---

[121] Сплошной звон колокола, обыкновенно в полдень. (Примеч. автора.)
[122] То есть сбоку. (Примеч. автора.)

– Но зато сами стали менее прежнего добры: вы испугали меня. Сколько раскаяния дали бы вы самому себе, сколько слез родным, если б его убили. Поверите ли, что я вчуже не спала целую ночь: мне все представлялись кровавые сцены поединка и страшные следствия его для вас.

– Ценою вашего сожаления, княгиня, готов бы я купить самое злейшее несчастие и, что еще более, не роптать на него. Но не только участие – ваше мнение ценю я так высоко, что поспешил сюда нарочно: рассказать, как было у нас дело. Я уже довольно знаю свет и уверился, что он злобно осуждает дерзающих вступить в заветный круг его, – я хочу предупредить толки злоречия. Пусть другие говорят обо мне что угодно, лишь бы вы, княгиня, лишь бы вы одни худо обо мне не думали.

Я рассказал ей дуэль нашу. Я кончил... Она молчала... В глазах ее, обращенных к небу, блистали две слезы, лицо горело умилением; какое-то нектарное пламя протекло, облило мое сердце... Я сам готов был плакать, бог знает отчего; я жаждал упасть к ногам ее, распасться в прах у милых ног; я не дерзал и думать целовать их; мне довольно было бы прильнуть устами к следу ее стопы, к краю ее платья, – и я не смел того! Я был уже слишком счастлив ее присутствием, слишком несчастлив моими желаниями, я был просто безумен, друг мой! Но за этот припадок сумасшествия я бы отдал всю мудрость веков и все собственное благоразумие! К нам приближались. Княгиня встала, закрыла на миг рукою глаза и потом, краснея, приподняла их.

– Вы не будете вперед играть так своею жизнию, – сказала она, – я требую этого, обещайте мне это.

– Вы заставите меня любить жизнь, – отвечал я, – вы... – я не сумел сказать ничего лучше; я не смел сказать ничего более. «То-то простак! – скажет какой-нибудь ловлас. – Потерять такую драгоценную для признания минуту».

Пусть так... минута эта была потеряна для любви, но не для сердца... Глаза наши встретились, – о, она меня любит, она любит меня!!

С. Петербург

II

Frailty – the nome is, women![123],[124]

Shakespeare

В кругу молодых повес и полустарых петербургских степенников всех более понравился Правину бывший секундант его, ротмистр Границын. Как представитель нашего военного дворянства, он стоил изучения, потому что крайности рисовались на его нраве резкими чертами. Правин нашел в нем и более и менее нежели ожидал. Богат, и в долгах по маковку, и за редкость с рублем в кармане. Умен, и вечно делал одни глупости. Вольнодумец, и трется в передних без всякой цели. Надо всем смеется, а не смеет ничем пренебречь; всех презирает, и все им помыкают. Храбрейший офицер, и не имеет довольно смелости, чтобы иному мерзавцу сказать нет! Благороден в душе, и, краснея, бывал употреблен на недостойные поручения, участвовал в постыдных шалостях; одним словом, человек без воли. Существо, которое в светской книге животных значится под именем: добрый малый и лихой малый – название самого эластического достоинства, как резиновые корсеты: оно для неразборчивого нашего племени заключает в себе всякую всячину, начиная с людей истинно благородных и отличных до игрока, поддергивающего карты, и виртуоза, подслушивающего у дверей, – терпимость истинно христианская, достойная подражания. Пускай себе возятся французы да англичане со своим общим мнением: мы и без этого рогаля[125] живем припеваючи. Со всем тем любопытно, если не приятно, бывало рассидеть с ним вечер или присоседиться к нему за обедом. Где не был, чего не видал он? Хотя по привычке он большую часть жизни промаячил с пустейшими людьми, но он мог ценить живой ум в других и случаем читывал дельные книги. К привязчивому, чтоб не сказать наблюдательному, духу от природы прижил он невольную опытность. Он недаром проел с приятелями свое именье, недаром отдал женщинам свою молодость. От обоих осталась у него пустота в кармане и душе, а на уме – едкий окисел свинцовой истины. Им-то посылал он щедрою рукою все свои анекдоты о походных проказах, все россказни о столичных сплетнях.

---

[123] Эпиграф взят из трагедии В. Шекспира «Гамлет» (1601).

[124] Ничтожество – имя твое, женщина! Шекспир (англ.)

[125] Рогаль – маленькая булочка, имеющая форму рога; здесь: хлеб насущный.

К чести Границына прибавить надобно, что он был самый откровенный болтун и самый бескорыстный злоязычник. За душой у него не схоронится, бывало, ни похвала врагу, ни насмешка приятелю, и часом он беспощадно смеялся над самим собою. Иной бы сказал: «это апостол правды», другой бы назвал его кающимся грешником; третий произвел бы в Ювеналы[126] – бичеватели пороков! Он не был ни то, ни другое, ни третье. Не хотел он сам исправляться, не думал исправлять ближних, зато не думал и вредить им. Он был твердо убежден, что там, где ценится лишь наружность добродетелей, не укор скрытые пороки; а потому злословие есть лишь гальваническое средство пробуждать смех в притуплённых сердцах. Этим исполнял он невольно наклонность нашего времени – разрушать все нелепое и все священное старины: предрассудки и рассуждения, поверья и веру. Век наш – истинный Диоген: надо всем издевается. Он катил бочку свою но распутиям всех стран, давя ею цветы и грибы без различия. «Не заслоняй солнца, не отнимай того, чего дать не можешь[127]», – гордо говорит он македонскому Дон-Кихоту и потом освистывает Платоново[128] бессмертие; и потом с циническим бесстыдством хвастает своею наготою. Люди ныне не потому презирают собратий, что себя высоко ценят, напротив, потому, что и к самим себе потеряли уважение. Мы достигли до точки замерзания в нравственности: не верим ни одной доблести, не дивимся никакому пороку.

Но, слава богу, не все таковы. Есть еще избранные небом или сохраненные случаем смертные, которые уберегли или согрели на сердце своем девственные понятия о человечестве и свете. Издали жизнь им кажется заветным садом, и они с неизъяснимым любопытством читают на воротах Дантову надпись; «Per me si va nella citta dolente![129],[130]» и думают: «как жаль, что я не знаю по-итальянски: я бы разгадал эту заманчивую загадку».

Таков был Правин. Из корпуса он перешел на палубу, и как прежде каменная стена граничила его ребяческий мир, теперь его миром стал безграничный океан. Он хорошо узнал нрав моря, но где мог узнать характер людей? Знакомо ему стало лицо неба: по малейшему его

---

[126] Ювенал Децим Юний (ок. 60 – ок. 127 гг.) – римский поэт-сатирик.

[127] «Не заслоняй солнца, не отнимай того, чего дать не можешь». – По преданию, древнегреческий философ Диоген попросил Александра Македонского, предложившего исполнить любое его желание, только одного – не заслонять ему солнца.

[128] Платон (427—347 гг. до н. э.) – древнегреческий философ-идеалист.

[129] «Per me si va nella citta dolente!»!» – из «Божественной комедии» (1307—1321) Данте Алигьери («Ад», песнь III, 1).

[130] Через меня лежит путь в город страданий (ит.)

румянцу, по малейшей морщинке облачной предугадывал, предсказывал он все прихоти погоды, – но лицо женщины… о, это на каждой минуте приводило его в замешательство, ставило в тупик. Какое-то темное, но верное чутье говорило ему: «не верь и половине того, что говорят и выказывают люди», но вот вопрос: которой половине не верить? Явившись в свет с твердым сомнением, с решительным намерением быть настороже от всех и от всего, таял он от первого, казалось, душой затепленного взора, готов был отдать последнюю пуговицу, не только денежку за квакерское пожатие руки[131]. Зная страсти и обязанности только по слуху или из редких романов, им читанных, он загорелся любовью как от молнии, предался ей как дикарь, не связанный никакими отношениями. Океан взлелеял и сохранил его девственное сердце, как многоценную перлу, – и его-то, за милый взгляд, бросил он, подобно Клеопатре, в уксус страсти. Оно должно было распуститься в нем все, все без остатка. Следя свою звезду-княгиню повсюду, о» не мог уже снести уединения, которое прежде было ему так сладостно; уединение стало ему одиночеством, и он кинулся в рассеяние. Быть с нею или не быть с собой – вот мысль, которая овладела им, и он начал посещать гульбища, театры, гостиницы.

В один из таких дней он сошелся, в одном из лучших трактиров столицы, с ротмистром Границыным. «А, дружище!» Сели за обед рядом; слово за слово, бокал за бокалом – языки разгулялись, и сердца зашипели, словно шампанское: «За Балкан, за Саганлуг! за Варну, за Аханцых![132] за счастье России, за славу царя!» Было тогда чем пить, было и за что пить.

– Ну, теперь череда за женщин, за прекрасных петербургских дам! – сказал Границын Правину. – Не знаю, право, почему, только искони, где слава, тут приплетаются и дамы; уже не за тем ли разве, что сама слава – женщина? Итак, pro teterrima causa omnis belli[133]. Я страх люблю этот английский тост: I like the women too, forgive my folly[134], как говорит Байрон. Amour aux dames, honneur aux braves[135]. Черт меня возьми! Шампанское – славный самоучитель: оно свой язык вяжет, а чужим учит!..

---

[131] …за квакерское пожатие руки. – Квакеры – христианская протестантская секта, возникшая в Англии в середине XVII в. и распространившаяся в США. Высшим выражением веры квакеры считали добродетель.

[132] За Балкан, за Саганлуг! за Варну, за Ахалцых! – Имеются в виду места сражений русских войск во время русско-турецкой войны 1828—1829 гг. на Балканах и на Кавказе.

[133] За скрытую причину каждой войны (лат.)

[134] Охотник я и до женщин, – простите мне эту глупость (англ.)

[135] Любовь дамам, честь храбрым (фр.)

Я, право, скоро стану язычником, как Иосиф Сенковский[136]: Алла верды![137] Пей же скорее, amico diletto[138]: шампанское выдыхается так же скоро, как и добродетель женщины!

– Ты опять принялся за свою старую песню, неисцелимый грешник, – отвечал Правин, осушая бокал до капли. – Видно, брат, укололся шипами, а бранишь розы.

– Шипами! шипами строгости небось? Ха-ха-ха! да ты презабавный чудак, mon cher[139]: ты своим простодушием не испортил бы ни одной классической комедии, в которой все ваши братья-моряки одного набора и одного разбора. Клянутся громом да молнией и пьют пунш вприкуску со здравым смыслом. Шипы у тафтяных роз! Ха-ха-ха! да этаких диковинок не показывал в Петербурге сам Пинетти[140]. Впрочем, не думай, пожалуйста, будто я хочу хвастать тебе победами, как пехотный подпоручик, и божиться по киевским святцам, что нет такой дамы, которая б устояла против огня сильных моих очков и гармонии серебряных шпор!! Удача, с одной стороны, прихоть, с другой – случай, и если мне подчас доставалось веером по пальцам, из этого следует только, что я не был счастлив, не то, что они были неприступны.

– Границын! помни, что унижение паче гордости!

– Испытай сам, увидишь. Стоит тебе раз попасть в оглашенные с какою-нибудь модницею, так расхватят по пуговкам. В этом, правда, чаще всего удается дуракам; но ведь у тебя, слава богу, на лбу не написано: здесь живет разум! Притом же моряк в обществе редкость и новинка. Иная красавица возьмет тебя из любопытства, чтоб увериться, не кусаешься ли ты. Другая, чтоб похвастать любезным земноводным, которого надобно держать на розовой ленточке, чтобы не юркнул в воду. Не теряй поры, Правин: я предсказываю тебе легкие победы!..

– Та беда, что я до легких побед не охотник.

– Бери вещи, как они плывут, а не как издали кажутся... Нам не перестроить на свой лад света; пристроимся же мы к его ладу. Да и правду сказать, для меня смешна эта рыцарская любовь, которая чахла, глазея на окошко своей Дульцинеи. Бог создал мир и человека в шесть дней, а мы

---

[136] Сенковский Иосиф (Сенковский Осип (Юлиан) Иванович; 1800—1858) – русский ученый-востоковед и писатель; с 1834 г. издатель журнала «Библиотека для чтения»; автор повестей, выступал под псевдонимом «Барон Брамбеус».

[137] Бог дал! – заздравное восклицание мусульман. (Примеч. автора.)

[138] Милый друг (ит.)

[139] Дорогой мой (фр.)

[140] Пинетти – физик, демонстрировавший в Петербурге в конце XVIII – начале XIX в. различные опыты.

станем любить вечно! Это что за известие! Любовь – весна сердца, но у весны много цветов... рви же розы и ландыши. Хорошо бордо в пол-обеда, но теперь лучше эперне... Посмотри на эту пену; это светская любовь, mon cher, – она резва и сладостна, но она мгновенна, – пей ее на полету!

– Я не понимаю тебя, Границын. Ты потчеваешь меня светскими радостями, как будто бы они у тебя в погребу, как будто б мне стоит только оттолкнуть пробку, чтоб они полились рекою.

– Славно, милый; право, славно! В тебе будет прок. Сперва у тебя не было и охоты, а теперь уж недостает только возможности. Вот тебе правило: смелость берет города... Я уверен, что тебе недолго носиться с пустым сердцем, как с сумою по миру... Столичные дамы такие добрые, такие чувствительные, а ты так свеж и занимателен, что грех заставить вздыхать понапрасну.

– И ты говоришь о подобных связях так легко и равнодушно, будто о трюфелях...

– Да неужели ты думаешь, что они для модного света важнее, чем трюфели? Разуверься, mon ami![141] Наше воспитание обстригло у страстей ногти, и потому они мало опасны. Девушки у нас расчетливы на женихов; дамы осторожны с любовниками: ни те, ни другие не захотят себя компрометировать; но разогни у последних молитвенник – и ты увидишь науку любить в переплете под крестами. Да я их за то и не виню. Откровенно говоря, смех и горе, как у нас совершаются свадьбы! Мы торопимся жить, а жениться опаздываем: всякий хочет добиться до штабских или генеральских эполетов, чтобы дороже перепродать их по рядной записи. Невеста идет в придачу к приданому, а как сочтутся на деле – смотришь, у невесты недочет душ, у жениха даже тела. И вот наш его высокоблагородие или его превосходительство, которому уже в семнадцать лет незачем было ездить в Египет за разгадкою таинств природы, изволил жениться. Жена у него профессор туалетного богословия. Рукава пуф с новоизобретенным механизмом; носки башмаков тупее ума графа Сивича! Шаль продень сквозь кольцо, но вряд ли саму ее вденешь в ухо. Она скачет верхом и стреляет влет; она играет и поет, только песни ее не всегда под голос мужа. Хороша ли, нет ли она собой, но она молода, она желает нравиться и наслаждаться, она умеет спрягать глагол я хочу не хуже г-жи Линьёль; а что находит она в благоверном своем супруге? Под сукном да ватою – завернутый фланелью барометр, наполненный сладкою ртутью. Находит усталого чахлого человека, который по утрам кашляет, целый день зевает и каждый вечер скучает

---

[141] Мой друг! (фр.)

или докучает. День-деньской он на службе, а ночь в гостях: или – играет до утренних петухов, или хочет победить питухов за бокалом; он весь век будто маятник между бутылкой бургонского и стклянкой с лекарством. Хорошо еще, если он не отправляется тратить случайную искру веселости и здоровья с какой-нибудь актрисой. Таковы, брат, все мы гуси; чего же тут ждать доброго! Жена поневоле станет бегать из дома: там пахнет пустотою! Кончается тем, что дом ее будет в ложе первого яруса, отечество – в английском магазине, а рай – на балу… Глядь… молодежь увивается около нее, словно хмель, и вот какой-нибудь краснощекий франтик приглянулся ей более других. Рассыпается он в объяснениях мелким бесом, – насчет ума наши дамы неприхотливы, и если запоздает почта из Парижа, принимают и вывороченные доморощенные нежности. Клянется ои так, что ведьмы крестятся от ужаса, нередко, проигравши и прогулявши всю ночь напролет, уверяет, что бледен с отчаяния от ее жестокости. Она, разумеется, ничему этому не верит, но, с должным для чиновной дамы приличием, с ноги на ногу идет навстречу к обману для того, чтоб при случае броситься в кресло, закрыть платком глаза и сказать: «вы, сударь, камень, вы, сударь, лед, вы злодей, вы меня обольстили!» Ну долго ли до беды! хоть беды в том я никакой не вижу. А Мефистофель тут как тут с своим носом. Он, скаля зубы, уже готовит его превосходительству рожки самой лучшей работы – точеные и позолоченные.

– Ты клевещешь, – вскричал Правин, – ты сочиняешь из головы злые пасквили на общество! Я недавно трусь между вами, однако же не заметил и тени, не только следа, того разврата в нравах, какой ты проповедуешь. Мне кажется, напротив, петербургские дамы чересчур щекотливы и недоступны.

– Нет, mon cher! – вскричал проказник Границын, поперхнувшись от смеха, – ты из рук вон! Уж не служил ли ты, полно, под командою первого адмирала Ноя[142], гардемарином? С твоею допотопною простотою не уйдешь ты у женщин далее гостиной: я тебе пророчу это. Верить щекотливости и недоступности здешних дам – так верить всякой эпитафии. Правда, потемкинский век миновал для любовников, но не для любви. Теперь дама не краснеет приехать на бал с мужем или поцеловать его в лоб при многих, а с кавалером – серванте[143] своим говорит о разводах, о семипольном засеве и о Викторе Гюго. Но утешься, милый: купидон возьмет свое. Она знает, что хромоногий бес не снимет кровли с ее

---

[142] Адмирал Ной – ироническое название героя библейского мифа Ноя, построившего ковчег во время всемирного потопа.

[143] Сервент (фр.) – слуга.

41

будуара[144], что замок ее спальни, чуть тронутый, наигрывает «reveillez-vous, belle endormie[145]» и что нескромный взор не упадет на трюмо, перед которым она примеривает или поправляет пелеринку у своей marchande de modes[146]. Благодаря европейскому просвещению и столичному удобству у нас все репутации так же круглы и белы, как бильярдные шары, по какому бы сукну они ни катились.

Доброе, чистое сердце Правина сжалось, внимая этой холодной повести о пороках общества, украшенных столь блестящею личиною смиренства.

— В самом деле, — молвил он с горькою улыбкою, — я знал не более устрицы о нравах света в корабле своем! Я постигаю в женщине слабость; могу представить, что страсть может увлечь ее; но поместить в свою голову мысль об этом глубоком, расчетливом, бесстрастном разврате – это выше сил моих! Я видел в Турции одну баядерку: она вынула из-под подушки своей вески и медленно взвешивала предлагаемые ей червонцы, надбавляя цены, глядя в очи путника. Не так ли взвешивают твои дамы сердечную забаву, бросая в другую чашку возможность скрыть ее! Они берут оброк и с титула добродетели – уважением и с сущности порока – наслаждениями. О свет, свет! ты даже из самой невинности делаешь новый порок, заставляя порочных быть самозванцами и скрываться под краденным у тебя платьем!

— Ты напрасно горячишься, — возразил ротмистр. — Лицемерие есть невольная дань нравственности, а всякая дань – узда. Нередко знатные дамы обязаны сохранением своего имени без пятна мелочному расчету не запятнать своего платья, и я уверен, что китовые усы в старину сохранили более браков, чем в наше время разорвали их гусарские усы. Пускай же плетут пустые люди кружева из песку, называемые модою; пускай себе старушки в чепцах и фраках с важностию рассуждают о лучшем способе чихать за обедней и кланяться на выходах: без этих вздоров лучшее общество сгнило бы, как Пресненские пруды. Не бывать в лохани буре, так ему надобна мутовка. Впрочем, будем беспристрастны, mon cher. Слова нет, свет очень развратен, но совершенства, слава богу, нет и в этом. Природа – великое дело. Она хоть и не смеет горланить в гостиной, как в трагедии, но в тиши кабинета обращает в свою веру многих. Бывает, что

---

[144] ...хромоногий бес не снимает кровли с ее будуара... – Имеется в виду роман французского писателя А. Лесажа (1668—1747) «Хромой бес» (1707). Его герой – бес Асмодей – поднимал крыши домов, чтобы увидеть частную жизнь их обитателей.

[145] Проснись, спящая красавица (фр.)

[146] Модистка (фр.)

связь, начатая минутного прихотью, очищает огнем своим сердца и переливается в долгую, бескорыстную страсть, готовую на все жертвы, выкупающую все заблуждения, страсть, которая бы сделала честь любому рыцарю средних веков и любому человеку во всех веках. Я, не верующий ни в невинность мужчин, ни в верность жен, я сам...

Границын глубоко вздохнул и умолк в раздумье... перед его очами носились образы милые, но укорительные...

– Да, – молвил он печально про себя, – да, я ее не стоил!..

– Послушай, Границын, мне жаль тебя, – с чувством сказал Правин, – и я не могу понять, как, проповедуя против пороков не хуже Саллюстия, ты пляшешь по дудке, не говорю уже как Саллюстий, но как Репетилов в «Горе от ума»!

– Таковы все мы, рожденные на границе двух веков, милый мой; восемнадцатый нас тянет за ноги к земле, а девятнадцатый – за уши кверху. Не разберешь, право, что мы такое? ни рыба, ни мясо, ни Европа, ни Азия. На прошлое мы недоумки, в настоящем недоросли, а в будущем недоверки, чуть ли не Spottgeburt aus Dreck und Feuer[147]. Животным привычкам нашим любо валяться в грязи-матушке; но ум уж проснулся; ум просит поесть и хочет разгрызть орех современного просвещения, да жалуется, что у него болят зубы от свекольного сахару.

Правин был недоволен оборотом разговора. Макиавель и Купидон[148] – заклятые враги друг друга. Ему хотелось получше изведать море, называемое женщиною; а когда он думал о женщинах вообще, это значило, что он разумел в особенности княгиню Веру. И вот он искусно свел разговор на прежнее.

– Неужели, – сказал он Границыну, – развращение столичное так всеобще? Неужели не найти дамы, на чье доброе имя, как на этот хрустальный бокал, не всползти ни одному червяку злословия?

– Я не обер-полицеймейстер, милый друг; мне ведь не подают списков о числе рогатого племени в столице. Буало[149] насчитал в Париже до двух Лукреций[150]; Пушкин в целой России не находит трех пар

---

[147] Выродки брения и огня. Гете. (Пер. автора.)

[148] Макиавель и Купидон – заклятые враги друг друга. – Макиавелли Никколо ди Бернардо (1469—1527) – итальянский политический деятель и писатель, автор книги «Государь» (1532), в которой оправдываются любые методы в борьбе за власть. Купидон – в древнеримской мифологии бог любви.

[149] Буало Никола (Депрео Никола; 1636—1711) – французский поэт, теоретик классицизма.

[150] Лукреция – римлянка, жена Тарквиния Коллатина, ставшая жертвой насилия со стороны сына древнеримского царя Тарквиния Гордого (VI в. до н. э.), в результате

стройных ножек[151], – я принимаю то и другое за клевету, и хотя суровые сердца должны быть реже, нежели маленькие следки, со всем тем я в самом Петербурге назову тебе более дюжины верных супруг.

– И, верно, в числе их поместишь жену Мирона Ильича Н. и княгиню Веру, жену князя ***?

Произнося, однако ж, последнее имя, Правин покраснел как маков цвет. Первая любовь не может равнодушно слышать любимого имени, не может без замешательства произнести его.

– Про первую ничего не скажу, и этого уж довольно к ее чести, а другая московская звездочка – гм! она так недавно блеснула на петербургском горизонте… она еще в медовых месяцах супружества, – где ей просветиться! где успеть злословию подстеречь ее, если б что и было?

Лицо Правина прояснело.

– Если б что и было! – молвил он. – Никогда и ничего не может быть.

– Ты не член ли страхового общества, Правин? – насмешливо возразил ротмистр. – Смотри, друг, обанкротишься, если принимаешь на поруки такие ломкие вещи. Важное слово нет, а не может быть еще важнее. Постой-ка, дай бог памяти… княгиня Вера?., гм!! князь Петр!., он толст и прост, она красавица и мечтательница… скорее соединишь масло с шампанским!.. Ну, я раскину словно на картах… между ними улегся какой-то червонный валет – это дипломат-поэт, кудрявый архивариус коллегии иностранных дел. Этот поэт ищет себе напрокат вдохновения и пожаловал, кажется, княгиню в музы. Слепой разве не заметит, как увивается он около нее, как оборачивается следом за нею, будто подсолнечник. Куда бы княгиня ни явилась, он как гриб из-под земли вырастает; ни дать ни взять, сказочный сивка-бурка, вещий каурка. На бале у австрийского посланника он напевал ей что-то на ухо в продолжение высокосного котильона: вероятно, читал седьмую главу «Онегина»! Ну, пускай мне первый мой враг скажет: «Comment vous portez-vous?[152]» в глаза, если между ними чего-нибудь не заводится. Я старый воробей: меня, брат, не озадачат никакие маски.

– Его имя? – заботливо спросил Правин.

– Ты знаешь его в лицо, не только по имени; да если и не знаешь, так заметишь с первого взгляда, когда найдешь их вместе. Один разве

чего покончила жизнь самоубийством. Образ Лукреции стал символом чистоты и верности.

[151] …трех пар стройных ножек… – неточная цитата из романа Пушкина «Евгений Онегин».

[152] Как вы поживаете? (фр.)

бесстрастный муж или страстный влюбленник может быть так слеп, чтоб ничего тут не видеть.

– Его имя? – с бешенством повторил капитан. Кровь его кипела.

– Иероним Ленович.

Как шпага, пронзило это имя сердце Правина, и на него низались уже в его памяти тысячи вероятий, тысячи сомнений. Да, точно, он сам видел их умильные взоры!.. Правин уже не слыхал более, что говорил товарищ. Сердце его дрожало, будто в лихорадке, кровь то стыла, то жгла его... невнятный ропот исчезал на губах. Он пожал Границыну руку, бросил на стол ассигнацию и, не ожидая сдачи, вышел, поскакал домой. Отрывчатые восклицания и мысли сталкивались.

– Так молода и так коварна! – говорил он. – И к чему было обманывать меня сладкими речами и взорами? зачем манить к себе?.. Или она хочет забавляться, дурачить меня? держать вблизи вместо отвода? Меня дурачить! Нет, нет, этому не бывать! Скорей я стану ужасен ей, чем для кого-нибудь смешон... И кто бы мог подумать, кто бы!.. Впрочем, быть может, все это вздор, зависть, пустые сплетни... да и что мне до этого?., чем я привязан к ней, чем она мне обязана? А хотелось бы узнать, однако же, истину – так, из одного любопытства, – я бы посмеялся ей... я бы заставил ее плакать кровью!! Но как добраться до открытия в городе, в котором редкий муж дерзнет поклясться, целуя жену свою вечером, что целует ее сегодня первый, где потому только все невинны, что в истинной невинности можно усомниться, а истинной вины нельзя доказать.

И сон не освежил Правина. Под изголовьем его шевелились ревнивые мечты, – и сколько насмешек наготовил он для первой встречи с княгинею Верою, для первой сшибки с ее угодником!

– Дай только мне увидеться с нею... – говорил он, скрежеща зубами.

И всему этому виной были слова Границына, слова, основанные на пене шампанского и на желчных догадках болтуна. Бегите, юноши, встреч, не только дружбы с подобными людьми! Они безжалостно обрывают почки добрых склонностей с души неопытной; они жгут и разрушают в прах доверие к людям, веру в чистое и прекрасное; боронят пепел своими правилами – и засевают его солью сомнения.

Капитан-лейтенант Правин к лейтенанту Какорину

Август 1829 года, в Кронштадт.

Еду, еду к вам, завтра же еду, любезный Нил! Да и что мне делать в

45

этом Петербурге, в этой столице раскрашенных снегов[153],[154], как говорит Байрон. Да и какой безумец выдумал влюбляться, да и какой лукавый дернул меня за полу полюбить светскую даму?.. Любить! любить! Как дико звучит это слово в свете! Отголоски, будто в пещере, повторяют много раз: любить, – но кто отвечает вам? Камни… хуже, чем камни, – пустота! Содрогаюсь от негодования… И я мог думать, мог верить, что любовь может уютиться в сердце, слепленном руками света! Безумец! безумец! скорее найдешь сочувствие в раззолоченном яичке для детей, на котором снаружи написаны нежности, в середине насыпаны сладости, а все вместе – дерево, крахмал и сусальная позолота. Но что говорить о том, чего не воротишь! Не возвратится и любовь моя. Поздравь меня, Нилушка, я здоров; я сбросил с себя страсть к княгине Вере, вместе с модными побрякушками. Теперь, чем скорее в море, тем лучше. Земля, кажется, горит подо мною, горит и сердце, – и лишь в туманах океанских погашу я его!

Поговорим о деле. Ты пишешь, что адмиралтейство не дает довольно мастеровых и не отпускает хороших материалов, что во всем задержки и недопуски… Все это, все эти господа меня скоро взбесят: я буду жаловаться прямо начальнику штаба, или воображают они, что после грозы для них будет роскошнее сенокос?.. Пусть разубедятся в этом. Прошли уж те времена, когда корабельные мастера строили дома из мачтовых дерев и крыли их медного обшивкою… Теперь едва они спроворят себе и на глаголь[155].

Поставил ли ты козлы, чтобы переменить бизань?[156] Посадил ли в должный уклон бушприт?[157] Навесь десять, двадцать на него бочек с водою, если упрямится… я терпеть не могу бушпритов, которые задирают нос кверху, словно дежурный камер-юнкер. Для марсовых септоров[158] просил ты рисунка сеток. Долой их, сбрось совсем прочь и прежние. Эти узорчатые плетенки напоминают мне дамские кружева… на последнем бале княгиня была вся ими изувешена. Ты, пожалуй, скажешь, что, верно, я пришел туда, увидел, победил. Увидел и возненавидел ее, друг мой… Стоит рассказать тебе, как это было: может статься, для тебя это будет

---

[153] ..раскрашенных снегов… – выражение из поэмы Байрона «Дон Жуан», а не из «Паломничества Чайльд Гарольда».

[154] This famed capital of painted snows. «Cliilde Harold's pilgrimage» «Паломничество Чайльд Гарольда» (англ.). (Примеч. автора.)

[155] Глаголь – старинное название буквы «г»; здесь: здание, построенное в форме буквы «г».

[156] Задняя мачта. (Примеч. автора.)

[157] Наклонная, из носа выдающаяся мачта. (Примеч. автора.)

[158] Поручни. (Примеч. автора.)

любопытно, а для меня как памятно! Чудом показалось тебе, что я ездил на бал; что же будет, когда я скажу, что ездил на бал незваный и в дом мне вовсе не знакомый; что я был там только из желания взглянуть на нее, и взглянуть неприятельски. Я уж писал к тебе о своих подозрениях: я жаждал или прояснить, или рассеять их, и долго напрасно. Не находил я ее дома, не встречал в городе. Наконец узнаю, что княгиня Вера отправилась на званый вечер за город, к графу Т. Как быть? Я там незнаком, туда не зван; нетерпение мое возросло до нестерпимости, ревность – до бешенства. Решаюсь хоть умереть, а взглянуть на нее. Сажусь в наемную карету и скачу на тринадцатую версту по Петергофской дороге. Приезжаю... вхожу... встречаю хозяина, – на дороге уже изобрел я предлог посещения: граф – страстный охотник до редких книг и обладает богатою библиотекою, – я прицепился к этому. «Простите, граф, флотскому чудаку неуместность его визита, но пусть необходимость извинит меня: я могу располагать только настоящею минутою и, проездом в Ораниенбаум, решился заехать к вам с просьбою. Вот в чем дело. Я пишу записки об истории мореплавания, а ваша библиотека знаменита в целой России; только у вас можно найти книги, редчайшие самых кладов, и между прочими, я знаю, что у вас есть в оригинале путешествие испанца Гвереры в Южном океане; а оно для моего предмета необходимо. От вас зависит крайне обязать меня, ссудив этой книгою для прочтения». Граф был доволен как нельзя более... цап меня под мышку и потащил в свою библиотеку. Скрепя сердце должен я был дивиться глупостям всех форматов, типографическим редкостям в ослиной и в телячьей коже, бесценным лишь потому, что их давным-давно никто не читает. Я чихал от пыли старины, я протирал себе глаза, я проклинал и книгопечатание и книгобесие, но хозяин этой кунсткамеры был неумолим и отпустил мою душу на покаяние не ранее, как перещупав спинки всех своих диковинок. Наконец, вручив мне заветные сказки испанца, пригласил в танцевальную залу, – я только того и ждал. Закрыв шляпою сердце, точно как голубка, чтоб оно не выпорхнуло, пробирался я дальше и дальше. Прелестные личики мелькали мимо в бешеном вальсе, то оперенные, то расцвеченные, то осыпанные алмазами; по как в тысячах звезд назвал бы я звезду любимую, так издали и в толпе распознал я княгиню Веру... Никогда еще не казалась она мне так прелестна, так воздушна, так идеальна! Любовь проникла и осветила все ее существо: она горела в очах, дышала устами, пробивалась лучами сквозь все поры, – зачем измена может быть столь очаровательна!.. И вдруг я заметил, к кому обращены были ее очи, кто одушевлял ее такого необычайною прелестию, – душа у меня превратилась в лед, а ум в уголь... ужасный миг!.. Итак, все, что мне говорено, все, что подозревал я, – правда! Итак, я потерял ее, не владев ею!.. Не замечая меня, она села рядом с вечным моим соперником; что-то говорила с ним вполголоса; оба они улыбались от удовольствия, и порой она задумчиво склоняла голову и глаза ее подергивались туманом мечты… О, как проклинал я тогда сладкозвучную музыку! Она мешала мне слышать разговор! она, казалось, раздирала мне слух и сердце. Кровь кипела в жилах растопленным металлом… Да избавит небо злейшего моего врага от мучений ревности, – какой еще ревности! которой я не имел права чувствовать и не смел показать; но мог ли я тогда владеть собою? Думаю, что лицо мое было страшно, потому что страшное совершалось в душе моей. В ту минуту, как они оба встали, чтобы вальсировать в свою очередь, когда она подала ему свою руку, я устремился, как тигр на добычу, я возник перед ней, как призрак-укоритель, – и я насладился ее смущением, я с улыбкою видел, как погас ее взор, блиставший за миг яснее алмазов ее диадемы; видел, как поблек ее румянец, как замер льстивый голос на устах! О, сладка месть, сладка! Гомер недаром назвал ее страстью богов… Зачем же нельзя сказать того же о ревности? зачем же нету в ней, в этой адской страсти, ни одной отрадной капли, напоминающей небо!

Я отвратил мое медузино лицо от испуганной четы – и скрылся. Я мчался во весь опор… Катай, извозчик, удуши лошадей; пять, десять, двадцать рублей тебе на водку! Я летел; колеса жгли мостовую; я хотел закружить себя быстротой, упиться самозабвением, – напрасно! Чудные чувства бушевали в моей груди: то я давал полный разгул моему негодованию и смотрел на княгиню и ее Миловзора[159] с ледяной вершины презрения. Стоит ли взора, не только вздоха, женщина, которую слепит мишура, пленяют пошлые каламбуры? Потом горячая, глубокая зависть проницала душу: я завидовал, и чему же! блистательной ничтожности светских любезников, их кукольной развязности, их птичьей болтовне с дамами, – мало этого: я завидовал приманчивому богатству глупца, связям мерзавца, даже искусству бездельника делать огромные долги, уменью игрока обыгрывать в карты, низости продавать себя дорого или учтиво грабить других – средствам, принятым у нас в число оптовой торговли душою, которые бы дали мне возможность часто быть с нею, ДИВИТЬ ее, блистать в обществе, в котором золото, какими бы путями ни было добыто оно, дает все права гражданства!.. Правда, такое унизительное желание пролетело сквозь меня вмиг, но пожалей меня, что оно могло пролететь даже мимо. О любовь, любовь! ты мать и мачеха душе человеческой! ты можешь ее возвысить до звезд и утопить в луже. Ты делаешь героев или злодеев из людей с могучею душою, честолюбцев или мерзавцев из людей

---

[159] Миловзор – условный персонаж сентиментальных произведений.

слабых духом... Я ненавижу тебя, я проклинаю тебя, я срываю долой твои путы! и... о, слабость недостойная – я плачу над обломком своего ярма... Хорошо, если б я мог плакать, если б я мог еще рассуждать!

С. – Петербург

III

Zwei liebende Herzen sind wie zwei Magnctuhren: was in der einen sich regt, muB auch die andere mit bewegen, derm es ist nur Ems, was in Leiden wirkt – eine Kraft, die sie durchgeht[160].

Golthe

Фрегат «Надежду» приказано было изготовить к осени для дальнего похода. Его ввели опять в гавань для перегрузки трюма, для перемены некоторых частей рангоута и стоячего такелажа. Командир судна, Правин, был уважаем, как офицер отличной храбрости и познаний, и ему дали средства украсить фрегат свой на щегольство, со всеми прихотями, доступными боевому судну: бронзу на винты каронад, на решетки каютных люков, на кофель-нагели, на поручни к трапам; дуб с резьбой и красное дерево по каютам. Терзаемый ядом ревности, Правин хотел деятельности» подавить тоску сердца и старою страстью заглушить новую. От зари до зари не сходил он с палубы, и ни одна безделка, ни малейшая подробность не ускользала от его внимания. Он все осматривал лично, все поправлял сам; своею привязчивостью он надоел даже Нилу Павловичу, а Нил Павлович сам был знаменит на флоте своею точностию.

– Слава богу, – сказал однажды тот лекарю Стеллинскому, – наш Илья образумился: служба как рукой сняла с него дурь. Я недаром говорил, что распрысканная духами модница-любовь убежит от смоляного духу, как бес от ладану!

– Если она и убежала, так вовсе от другой причины, – возразил Стеллинский. – Капитана исцелили мои фумигации[161]... Он вовсе не

---

[160] Два любящих сердца подобны двум магнитам: то, что движется в одном, должно также приводить в движение и другое, ибо в обоих действует только одно – сила, которая их пронизывает. Гете (нем.)

[161] Фумигация – окуривание.

замечал в рассеянности, что я подмешиваю в его курительный табак лекарственные травы.

Но исцелился ли, полно, Правин?

Между тем работы кипели, вооружение росло, и с ним вместе росло нетерпение Правина. «Скорей бы, скорей вытянуться нам на рейд, и тотчас в море, и как можно вдаль от этого проклятого Петербурга! Вовеки нога моя не будет там!» – воскликнул он однажды, и через два часа Правин стоял уже над колесом бертовского парохода[162], как будто считая каждый оборот его, шумно роющий воду. И вот г. капитан-лейтенант и кавалер Правин в столице. Да помилуйте, как ему и не быть в столице! На обсерватории у него поверяются хронометры; из Академии наук надобно ему получить ученые инструкции, из адмиралтейства – новые карты, от начальника штаба – особенные приказания. Да и почему не остаться ему день-другой лишний? ведь не завтра подымать якорь. У него же такой надежный помощник на фрегате!.. Мы чрезвычайно богаты на доводы, когда хотим потешить свою прихоть. Стоит только вздумать да загадать – за возможностью дело не станет.

Со всем тем гордая решимость Правина: не искать, не видать княгини, была непоколебима. Мысли его, как улитковые линии, сходились всегда в одну точку, – и эта точка была она; зато сам он, будто ринутый средобежною[163]силою, все далее и далее бродил от тех мест, где бы мог встретиться с нею. Правин был поэт в прозе, поэт в душе, сам того не зная; да и есть ли на белом свете человек, который бы ни однажды не был им? Вся разница в том, что один чаще, другой реже, один глубже, другой мимолетнее. Не одни величавые красоты природы поражали и пленяли Правина, нет, он горячо любил все произведения1 искусства, запечатленные поэзиею, в чем бы она ни проявлялась: в стихе, в смычке, в кирпиче, в бронзе – и там, где человек слил свои труды с природою, и в том, где перетворил ее по своему безотчетному идеалу. Любовь изострила в нем чувство изящного, и теперь чувство, выброшенное из русла, разливалось прямо из сердца на все предметы, одушевляло все его окружающее. Лоно вод дышало для него звуками грустными, но приятными; воздух веял словно дружеской рукою в лицо. Он находил новый, но знакомый смысл в книгах; схватывал сладостные переливы в стихах, которые незадолго казались ему беззвучными; занимательность сказалась ему в наличнике дома, в колонне, в картине. Он иногда

---

[162] Бертовский пароход – пароходы, построенные на машиностроительном заводе Карла Берда (ум. в 1864 г.) в Петербурге и курсировавшие в основном между Петербургом и Кронштадтом.

[163] Средобежная – центробежная.

простаивал по четверти часа, любуясь какою-нибудь частью города, улицею, мостом, красивым домиком. Он не замечал усмешек и толчков прохожих, благоговея перед монументом Петра Великого[164]; но всего более полюбил он бродить по великолепным комнатам дворца, известного под именем Эрмитажа... это было его наслаждение, его утешение. Там казалось ему, что он снова повторяет свои путешествия, и образы мира на миг заслоняли от очей души образ ненавистный и милый. Он утихал, как дремучие болота Рюисдаля[165], вдыхал свежесть ночей Фан-дер-Неера[166], летел с кораблем по желтому Немецкому морю фан-Остада[167]. Портреты фан-Дейка шевелились, небо Рафаэля растворялось... Правин хотел удержать камни, летящие в св. Стефана Лесюерова[168]; врубался в ряды мидян с Пуссеном[169], молился с блудным сыном Мурильо[170]. Прелестные личики улыбались ему, рыцари протягивали руки, сельский праздник манил к себе[171]. Шумная встреча штатгалтера тянулась мимо, и будто знакомые люди кивали из толпы головою, грозили перстом из окна. Влево шумел черный лес Сальватора[172], вправо плескалось бурное море Вернета[173]; люди, климаты, города, небеса, океаны во весь рост развивались, росли, смешивались, меркли. То был какой-то гармонический, но безмолвный танец образов, идей, веков; то был осязаемый микрокосм души человеческой, начиная с грязной вещественности Теньера до недосягаемой святыни Урбино[174], – бесконечный как хаос, неясный как спы, уже готовые, но еще не видавшие человеком.

---

[164] Монумент Петра Великого. – Речь идет о памятнике Петру I скульптора Фальконе (1716—1791), открытом в Петербурге на Сенатской площади в 1782 г.

[165] ...дремучие болота Рюисдаля... – Якоб ван Рейсдаль (1628—1682) – голландский живописец, график и один из крупнейших пейзажистов XVII в.

[166] Фан-дер-Неер (Ван дер Неер; 1603—1677) – голландский живописец-пейзажист.

[167] Фан-Остада. – Остаде – семья голландских пейзажистов.

[168] Лесюер Эсташ (1617—1655) – французский художник, писавший картины на исторические, религиозные и мифологические темы. Здесь речь идет о его картине «Смерть св. Стефана».

[169] Пуссен Никола (1594—1665) – французский живописец, крупнейший представитель классицизма в искусстве XVII в.

[170] Мурильо Бартоломе Эстебан (1618—1682) – испанский живописец.

[171] ...сельский праздник манил к себе... – Имеется в виду картина Теньера «Сельский праздник».

[172] Сальватор (Сольватор) Роза (1615—1673) – итальянский живописец-офортист, прославившийся изображением суровой природы Абруццы (средней части Италии).

[173] Вернет (Берне). – См. коммент. к с. 87 тома I.

[174] Урбино – то есть Рафаэль.

Правил обжился, ознакомился с обитателями этого мира, в котором дремал он наяву. Но, кроме бескорыстного наслаждения рассматривать зеркальные ширмы света, закрывавшие от него досадный, настоящий свет, Эрмитаж привлекал его прямым отношением к его страсти. В комнатах, заключающих Музей Жозефины[175], между прелестною Гебою и танцовщицею Кановы, возвышается, его же резца, чета Амура и Душеньки. Душенька эта была ни дать ни взять вылитая княгиня Вера. К ее-то подножию спешил Правин отдыхать от забот службы… Отдыхать? О, столько же отдыхает труженик на постели, усыпанной щебнем!! Нет, он спешил туда горевать наедине и высказывать подобию изменницы свои упреки, проклинать ее и восхищаться ею.

Вы, верно, видели эту прелестную купу, одно из лучших творений Кановы! Душенька, обнявшись с Амуром, любуется бабочкою, сидящею у нее на ладони. Высока так, как небо, чиста, как луч солнца, многоплодна, как самый климат Греции, была идея выразить сочетание души с телом, или юности с любовью, любовью Амура и Психеи. Но если группа Скопаса[176] (поцелуй их) превосходна в отношении к искусству, в отношении полноты превосходнее группа Кановы. В той вы видите символ перво-быта – страсть; в этой символ нашего времени – мысль. У современного нам художника идея жизни расцвела иде-его бессмертия. Вглядитесь хорошенько в идеальные лица обоих любовников: под младенческую улыбку Душеньки вкралась уже неясная дума. Она еще усмехается рассказам своего милого, но уже мечтает о преображении, загадка эта уже томит ее. Напротив, ветреник Амур едва обращает внимание на бабочку – его глаза прильнули к Душеньке, будто бабочка к розе. Положение кисти левой руки, ласкающей плечо Душеньки, на котором она покоится, доказывает, что чувство для него сладостнее думы, а движение правой руки, кажется, молвит уже: «Пусть она летит, эта бабочка!» Со всем тем мысль невольно бросила на лицо, на осанку обоих тень важности, в противоположность с отроческими их формами. Зато какая прелесть в повороте голов, какая нега в выражении лиц, какая

---

[175] В комнатах, заключающих в себе музей Жозефины… – Французская императрица Мария-Роза-Жозефина, первая жена Наполеона I, устроила в окрестностях Версаля, в замке Мальмезон, музей, состоящий из произведений искусств, вывезенных Наполеоном из захваченных им стран. В 1815 г. она подарила Александру I тридцать восемь картин и четыре скульптуры Антонио Кановы. Залы в Эрмитаже, где их поместили, назывались Мальмезон; Марлинский называет их музеем Жозефины.

[176] Скопас – известный древнегреческий скульптор и архитектор (IV в. до н. э.), представитель поздней классики. Многочисленные его работы известны по римским копиям.

легкость в постановке (pose), благородство в осанке! Пламенный резец Кановы размягчил в тело мрамор, но мысль дала жизнь этому телу, сделала его прозрачным и воздушным – одним словом, вдохнула в него душу.

Вереница других сравнений, других применений мелькала в воображении Правина. Как мало лет и как много происшествий, как много исторических лиц протекло у стоп этого мрамора! Перед ним, может быть, не однажды плакала развенчанная царица французов. На нее падал мимолетный как молния взор Наполеона, безумствующего о завоевании мира. На него глядела толпа королей и полководцев – одни с рассеянностью пресыщения, другие с равнодушием невежества, многие с завистию: зачем это не мое! И где очутился этот мрамор из чертогов Тюльери? И потом, где те, которые любовались им так недавно? «Одних уж нет, другие странствуют далече![177]» – со вздохом думал Правин.

Поутру в какой-то праздник Правин, сам не зная как, очутился у стоп Душеньки. Он погрузился в глубокую думу, в живую грусть, любуясь милыми чертами.

«Когда я увидел тебя впервые, – думал он, – мне казалось, что ангел кликнул мою душу по имени, что ты из младости обручена мне сердцем! Безумец!., я смеялся над этою дикою мыслию – и, влюбленный, поверил ей, предался ей… и чему после этого верить, если не верить такому лицу? Так прелестна и так коварна! столь умна и столь легкомысленна! И зачем я встретил ее, зачем дозволила она себя полюбить! Внушить такую пылкую страсть, раздуть пожар и потом развеять пепел сердца по воздуху, не уронив даже слезы участия, не только взаимности; поманить надеждой и предаться другому!..»

Правин был один-одинехонек… Он тихо колебал головою, и слезы текли неслышимо по его лицу.

– Вы плакали! – сказал кто-то подле него.

Голос этот бросил трепет во все его существо. Сладкозвучен и нежен был он. Глубокое участие отзывалось в нем. Правин обернулся: рядом с ним стояла княгиня Вера, в газовом золотошвейном платье, в полном блеске убора, и красоты, и молодости, во всем очаровании чувства… Она была лучезарна, божественна! Видно было, что она ускользнула с выхода подышать свободнее на просторе, взглянуть на мастерские произведения резца и кисти, быть может влекомая тайным предчувствием сердца, – а сердце наше вещун! недаром сказано Дмитриевым.

– Вы плакали? – повторила она; она была тронута. Первое обаяние

---

[177] «Одних уж нет, другие странствуют далече!» – выражение из поэмы персидского писателя и мыслителя Саади Ширази «Бустан» (1257).

прелести миновало, вспышка негодования улетела с сердца Правина, но обиженное самолюбие – червь; оно не имеет ни ног, ни крыльев – оно осталось. Он отступил, поклонился княгине с холодною почтительностью и отвечал, краснея:

– Да, княгиня, я плакал, и горьки были слезы мои… Я думал, что я здесь один…

– Неужели для вас больно, капитан, что я в ваших глазах застала слезу?.. Чудные создания мужчины: не краснея могут хвастаться кровью друга и стыдятся слезы чувства!..

– По крайней мере я должен стыдиться этих слез, и признаюсь, всех менее вас желал бы я иметь свидетелем такой слабости: слез моих не видал и не увидит свет, и будьте уверены, княгиня, что они не прибавят блесток ни на чье платье!

Правин никогда не говорил княгине о любви своей, но какая женщина не понимает пламенной речи взоров, румянца щек, волнения груди, трепетания руки? Княгиня и в этот раз поняла весь укор Правина. В ее ответе видно было более чувства, чем гордости.

– Неужели вы думаете, капитан, что удел мой одна мишура и блестки, что я не знаю слез горя? Но вы бросили стрелу еще далее, еще глубже: вы почти сказали, что я могу радоваться чужому горю. Скажите, чем заслужила я такое несправедливое обвинение? и от кого же?..

Правин смешался. Он был пойман, как школьник, который выскочил вперед для объяснений с учителем и оробел от его грозного взгляда. В таком случае начинают обыкновенно уверять, что и не думали ничего намекать против, что никогда бы не осмелились и подумать обвинять!.. Правин наговорил кучу подобных пошлостей.

Княгиня грустно качала головою.

– Капитан, – сказала она, – откровенность флотских вошла в пословицу, – вы хотите опровергнуть ее. Я уже несколько дней замечаю, что вы на меня сердиты.

Правин будто проснулся от сна.

– Я докажу вам на деле откровенность мою! – сказал он горячо. – Знаете ли, княгиня, на кого походит эта Душенька!

Княгиня улыбнулась с самодовольным видом, подняла глаза на мрамор и, зарумянившись, сказала:

– Многие из подруг моих находят, будто во мне есть небольшое сходство с этою статуею, но, признаюсь, я мало верю комплиментам женщин.

– Поверьте же чувству мужчины, княгиня! Сердце не обманчивый знаток. Признаюсь вам, я уже не впервые у ног этой Душеньки. Было время, что я приходил сюда любоваться ею, высказывать ей то, чего не смел говорить ее подобию и не мог таить в себе. Теперь… о, теперь совсем иное дело: я пришел излить на нее свои укоры и уронить на бесчувственный мрамор слезу тоски невыразимой. Вы сами вызвали мою откровенность – услышьте же ее вполне. Да, княгиня! теперь не время притворствовать: я не хочу этого, если б мог – не могу, если б и хотел… Не отрицайтесь, не говорите: «Нет» – вы видели, вы знали, что я люблю вас; но вы не знали, как я любил вас; вы не поняли меня, не оценили этого сердца – сердца, переполненного к вам любовью!.. Видите ль эти царские сокровища? Видели ли вы Грановитую палату? В нее каждый век сносил свои драгоценности, свои короны, свои оружия и воспоминания, – не смейтесь же сравнению: мое сердце – это Грановитая палата! Его я бросил, его рассыпал бы я к ногам вашим: мои чувства, мои мысли, моя страсть стоили бы жемчуга и золота!.. Черпая из этой сокровищницы, я мог бы стать всем, чем бы только захотели вы меня видеть – вы, властительница, царица души моей! всем, чем вы бы велели мне быть! Сказали бы мне: будь поэтом! – и через год я склонил бы свою увенчанную голову перед тою, которой обязан вдохновением. Разве не поэзия высокая любовь моя! Разве нет пылу в моей душе? Я бы разбил ее в искры, и звуки, и мысли, – и свет ответил бы мне вздохами, и слезами, и рукоплесканиями! Пожелали ль бы вы увидеть меня героем – и что бы устояло против меня? И скоро я бы сжег ваше сердце лучами моей славы. Этого мало: я, жадный деятельности, я, честолюбец в душе, я, в котором внутренний голос говорит: «ты можешь быть многим», я бросил бы саблю и перо, отказался бы от милых бурь океана, ото всех радостей и обольщений земли, даже от страсти к познаниям, и весь век мой бросил бы слитком золота в поток забвенья, для того только, чтобы любоваться вами, как миром, слушать, как райскую птичку, чтобы только быть близ вас часто, дышать вашим дыханием – угождать вам, боготворить вас… но вы, вы не захотели этого…

Говоря это, Правин схватил руку княгини, между тем как его пылающие речи и взгляды пронзали сердце ее.

– Полноте, перестаньте, умолкните, капитан! – вскричала она. – Я не хочу, я не должна вас слушать. Вспомните, кто я, вспомните, что я: на руке моей сжимаете вы кольцо, – оно видимое звено невидимой, по неразрывной цепи, меня окружающей. Судьба моя – навек принадлежит другому!

Правин горестно опустил ее руку.

– О, если б одна судьба стояла между нами, я бы менее роптал. Я бы завидовал, глубоко бы завидовал человеку, которому досталась рука ваша, но он сам позавидовал бы мне, если б вы отдали мне свою душу. Было время, что я веровал в это сочетание, в это супружество душ… Напрасно!

Поманив меня взаимностию, вы с насмешкою отвернулись от меня, отвергли мою безграничную любовь, оттолкнули мое сердце – и не судьба, не долг супружества были тому виною, нет: иное чувство, иная любовь! Да, княгиня, я сейчас думал: «Эта Душенька вылитая княгиня Вера; жаль только, что Амур вовсе не похож на Леновича». Будь еще это, и всякий бы сказал, что Канова[178] снимал эту чету с вас обоих, когда вы сбирались вальсировать!

– Удержитесь, Правин, – с жаром прервала его княгиня. – Пустая ревность ослепляет вас: Ленович – близкий родственник моего мужа и давно жених моей двоюродной сестры, Софьи З., единственного друга моего девичества. Теперь, когда я говорю с вами, он уже в Москве, он уже у ног ее. Об ней-то, об ее-то судьбе говорили мы с ним, когда вы явились внезапно, неприглашенные, на бал к графу Т. Несчастный бал! несчастная Вера!., внушить столько страсти, и нисколько доверия… Нет, капитан! кто любит, тот верит, до легковерности верит: это я знаю по себе; нет, сударь, вы не стоите, чтобы я оправдывалась. Боже мой, боже мой! думала ли я когда-нибудь, что из пустого подозрения, из ничтожной наружности я потеряю доброе мнение человека, которого всегда отличала, которого так много уважаю, так горячо люблю!..

Вера была увлечена досадою; досада есть лучшее средство заставить женщину высказать сердце. Но что для опытного любовника было бы делом расчета – тут было делом случая. Последние слова княгини вырвались из сердца не как признание, но как восклицанье. Она забылась, – но мог ли счастливец забыть сказанное? мог ли не верить, что признанное было истинное чувство? Нет, никогда лицемерие не говорило таким голосом, не сверкало таким взором! Все сомнения исчезли, душа растаяла в Правине, он впал в какое-то исступление восторга: осыпал поцелуями руку Веры, прижимал ее к своему сердцу.

– Оно ваше, навеки ваше, божественная женщина! – восклицал он. – Кто даст мне сил вынести мое благополучие!.. Теперь я готов сжать руку злейшему врагу как другу, обнять целый мир как брата!

Княгиня ничему не внимала, ничего не видела; казалось, с роковою тайпою вылетела из нее жизнь. Склонясь челом на пьедестал Душеньки, она была бледна, как та… Крупные слезы дрожали на опущенных ресницах, она вся трепетала как лист; Правин испугался…

– Что с вами, княгиня? – вскричал он.

– Удалитесь! – едва могла она произнести. – Теперь вы все знаете, будьте же великодушны – уйдите! В иной раз, в другой день мы

---

[178] Канова Антонио (1757—1822) – итальянский скульптор-классицист.

увидимся… теперь я умру со стыда, если взгляну на вас. Когда вы дорожите хоть сколько-нибудь моим спокойствием – оставьте меня!

Полон блаженства и страха, Правин удалился.

Ввечеру князь Петр с озабоченным видом, но с салфеткою в руке вышел из столовой навстречу к доктору, который на цыпочках выходил из спальни княгини Веры.

– Ну что, любезный доктор, – спросил он, вытирая губы, – какова моя Верочка?

Доктор с значительною улыбкою, которую носил он неизменно на все обеды и похороны, отвечал, что слава богу, что это напрасно, что это пройдет! Доктор этот, изволите видеть, мастер был золотить пилюли, и оттого кармашки его всегда подбиты были золотом. Не решали, впрочем, потому ли он знаменит, что искусен, или потому, что дорог.

– Прописали ли вы ей что-нибудь, доктор?

– О, за мной дело не станет, ваше сиятельство! Я настрочил рецепт длиннее майского дня, и если княгиня будет в точности принимать, что я предписал ей, то лихорадка убежит от первого взвода баночек.

– Каков у нее пульс, доктор?

– Немножко неровен, ваше сиятельство, – отвечал тот, натягивая с трудом нижнюю петлю фрака на пуговицу, – да это минует, когда уймется попеременный зноб и жар; надобно потеплее укрыть княгиню.

– Что за причина ее болезни, доктор? Сегодня поутру на выходе она была весела словно ласточка, и вдруг…

– Самая естественная причина, в. с! Изволите видеть: наша зеленая зима, которую мы условились называть летом, очень непостоянна, а дамы одеваются чересчур легко… Все зефиры, да дымки, да кисеи, да газы…

– Нельзя же в палатине ездить на выход! – заметил князь Петр с важностию.

– Нельзя же в газовом платье и не простужаться, ваше сиятельство. Притом везде сквозной ветер…

– Так вы думаете, что это от простуды, доктор?

– Без всякого сомнения, ваше сиятельство.

– Но она так тяжко вздыхает, доктор, будто у нее заложило грудь; она стала так капризна, что ни сообразить, ни вообразить нет способу… не хочет даже, чтобы я был при ней.

– Это все от простуды, ваше сиятельство.

Добряк доктор готов был клясться иготью Эскулапа[179], что это от простуды.

---

[179] ..иготью Эскулапа – то есть авторитетом врача. Эпиграф взят из стихотворения А. Мицкевича «Rozmova» («Разговор», 1825).

IV

Strudzilem usta daremnem uzyciem, Teraz je z twemi ohcg stopic ustami, I chce rozmawiac tylko serca biciem, I westchnieniami, i calowaniami, I tak rosniawiac godziny, dni, lata Do konca swiata i po koncu swiata.

Mickewicz[180]

Быстро и сладостно утекают дни счастия. Минувшие радости и будущие надежды сливаются воедино устами, и миг настоящего походит на приветное лобзанье друзей на пороге. Вчерась, сегодня, завтра не существует для любовников, – нет для них самого времени, оно превращено в какую-то волшебную грезу, в которой воздушная нить мечтаний вьется с нитью бытия нераздельно, в которой сердце каждое биение свое считает наслаждениями, – о нет! наслаждение не умеет считать, счет изобретен нуждою или тоскою.

Правин любил впервые, Правин любим стал впервые; а какая девственная любовь, какая истинная страсть не робка до простоты, не почтительна до обожания? Но скоро переживает любовник все возрасты страсти. Вечный младенец в своем лепете, в своих прихотях, взысканиях, ссорах, не по годам, а по часам растет он своими желаниями, мужает волею, берет силу взаимностию. Бедняк искатель, он спит и видит, как бы удостоиться приветливого словца, нежного взгляда, самой ничтожной ласки. «Я бы был счастлив тогда!» – говорит он и озирается, не подслушал ли кто его, и трепещет дерзости своего воображения. Но он скоро знакомится, дружится, роднится с нею, скоро она овладевает им – и он горд, похитив первый поцелуй, как Прометей, похитив огонь с неба. Раскипаясь счастием, словно бокал шампанского (я уверен, что счастье какой-нибудь газ и что химики на днях разложат его), он уходит через край, радость улетучивается из сердца, а природа не любит пустоты, вопреки Паскалю[181] и водяному насосу, – и вот новые желания проницают в ретивое, – закупорьте вы его хоть герметически. Они будто волосатики

---

[180] Я измучил уста тщетным переживанием, Теперь хочу их слить с твоими устами И хочу говорить лишь биением сердца, И вздохами, и поцелуями. И говорить так часы, дни и годы, До конца мира и после конца мира.
Мицкевич (пол.)

[181] Паскаль Блез (1623—1662) – французский религиозный философ, писатель, математик и физик.

впиваются в персты, разогревают кровь лучами взора, упояют легкие воздухом, веющим с милой, топят вас в звуках ее голоса, в благоухании ее кудрей! Ночью они распускаются кактусом; днем взбегают будто крес-салат[182]. Проклевываются птичками… тормошат, щиплют, терзают бедное сердце – хоть из груди беги! Опять новые завоевания, опять новые причуды. Повадка балует шалуна; вчерашняя уступка для него завтрашнее право! По мне, сердце – настоящий вестминстерский кабинет[183]: оно умеет и выканючить и выторговать и обыграть и выбить. «Если ты любишь меня!» – говорит любовник, нежно ласкаясь. «Только это, это одно – и я бог!» Но этот бог – языческий; амброзия[184] для него пост; он готов превратиться из орла в лебедя, ив лебедя в бычка. С каждым днем он становится смелее, е каждым днем он обламывает по игле, обороняющей розу, – поглядишь, вянет сама роза под жарким дыханием страсти! Знаете ли, как называю я знаменателя всех страстей и всех более любви? Я называю его – любопытство! Узнали мы, испытали мы, повладели мы – и уже знание, опыт, власть нам скучны. Мы уж хотим постичь иное, изведать лучшего, завладеть большим. Еще, еще дальше и более – вот границы духа человеческого, а границы эти за звездами Млечного Пути, за тенью могилы.

Но не каждому дано пересекать пути многих страстей, подобно комете, пронзающей многие солнечные системы. Не каждому удается побыть любовником, поэтом, честолюбцем, корыстолюбцем и лечь в гроб с тою же побрякушкою, которая тешила его первое ребячество. Многие глубоко врезываются в колею, катятся вдоль которой-нибудь одной дороги – и нередко с рождения души до смерти тела. Так, Наполеону выпало распутие власти, на котором первая верста была батарея под Тулоном, а последняя – остров св. Елены. Исполин-выкидыш революционного волкана, он отдал свои останки вулканической скале, горе застывшей лавы. Какой величественный, многомысленный памятник, какой чудный рифм судьбы с вещественностию!.. Багряные облака, точно огневые думы, толпятся вокруг чела твоего, неприступный утес св. Елены… Экватор опирается на твои рамена; сизые волны океана, как столетия, с ропотом расшибаются о твои стопы, и сердце твое – гроб Наполеона, заклейменный таинственным иероглифом рока!!

---

[182] Крес (кресс) – салат – овощное однолетнее растение из семейства крестоцветных; листья употребляются в пищу как салат.
[183] Вестминстерский кабинет. – Вестминстер – часть Лондона, где находится здание английского парламента; здесь имеется в виду английский кабинет министров.
[184] Амброзия – в древнегреческой мифологии ароматная пища богов, дававшая им вечную юность и красоту.

Простите отступление: я увлекся Наполеоном, и мудрено ль? При жизни – он тащил за своей колесницей по грязи народы. По смерти – его гений уносит наши помыслы в область громов, свою отчизну. Впрочем, пример Наполеона вззде кстати; его имя приходится на всякую руку; оно как всезначащее число 666 в Апокалипсисе[185], Как ненасытен был он (олицетворенное властолюбие) к завоеваниям, – почти так же ненасытны все любовники ласками. После первого письма – их перехода через Альпы – они уже вздыхают о лаврах Иены и Маренго[186]… они забывают, что у самого Наполеона была Москва, где он чуть не сгорел, путь за Березину, где он чуть не замерз, и литовские грязи, в которых едва-едва не утонул. Горячая кровь не слишком покорна доктору философии и г-ну рассудку, и речь сердца начинается – обыкновенно – с чистейшего платонизма, а заключенье у ней: «индеек малую толику!» К слову стало о платонизме: он очень похож на ледяную гору, с которой стоит раз пуститься – уж не удержишься; или, пожалуй, хоть на ковер, постланный в ноги детей, чтобы им не больно было падать. Да, милостивые государи и милостивейшие государыни, зовите меня как вам угодно, – я зло усмехаюсь, когда слышу молодую особу или молодого человека, рассуждающих о бескорыстной дружбе платонизма, прелестного и невинного как цветок, соединяющий в чашечке своей оба пола. Усмехаюсь точно так же, как слыша игрока, толкующего о своей чести, судью – о безмездии, дипломата – о правах человека. Опять грех сказать, будто платонизм всегда умышленный подыменник[187] эротизма; напротив, его скорей можно назвать граничной ямой, в которую падают неожиданно, чем западней, поставленной с намерением; и вот почему желал бы я шепнуть иной даме: не верьте платонизму – или иному благонамеренному юноше; не доверяйте своему разуму! Платонизм – Калиостро[188], заговорит вас; он вытащит у вас сердце, прежде чем вы успеете мигнуть, подложит вам под голову подушку из пуха софизмов, убаюкает гармонией сфер, и вы уснете будто с маковки; зато проснетесь от жажды угара, с измятым чепчиком и, может быть, с лишним раскаянием. Притом – но неужто вы не заметили, что я шучу, что я хотел только

---

[185] ..всезначащее число 666 в Апокалипсисе. – См. коммент, к. с. 428 тома I.

[186] Иена и Маренго. – Иена – город в Германии, под стенами которого французские войска в 1806 г. разбили прусские войска. Маренго – деревня в Северной Италии, около которой в 1800 г. французские войска одержали победу над австрийской армией.

[187] Под чужим именем торгующий. Слово, употребительное между купцами, (Примеч. автора.)

[188] Калиостро – имя авантюриста Джузеппе Бальзамо (1743—1794).

попугать вас?.. Помилуйте, г. г.1 мне ли, всегдашнему поклоннику этого милого каплуна в нравственном мире, поднять на него руку! Мне ли писать против него, когда я вслух, вполголоса всегда говорил в его пользу, писал ему похвалы стихами и прозою! Любопытные могут прочесть мою статью «Нечто о любви душ[189]». Она напечатана в «Соревнователе просвещения и благотворения», не помню только в котором году, рядом с речью «О влиянии свирели и барабана на юриспруденцию».

«Но к делу, к делу», – говорят мне; а разве слово не дело? Юридически говоря, между ними великая разница; закон действует положительно, но мы сравниваем относительно. Конечно, человек редко говорит, что думает, еще реже исполняет, что говорит: потому-то нельзя обвинять, ни хвалить его, если он обещает или грозит, – но это относится к будущему; напротив, прошлое переходит в полное владение слова, оно существует только словом – слово может обличить или оправдать его. Я для того веду свою долгую присказку, чтобы доказать любезным читателям, что слова мои – факты, что намеки мои на госпожу Никто, Mistriss Nobody английских фарсов, летели не в бровь, а прямо в глаз; одним почерком, что нрав всех любовников вообще – такой же, как у Правина в особенности: так бывало с другими, так было и с ним.

Да-с, Правина любили нежно, даже страстно; но сам он любил беззаветно, бешено. Правин был зверек, которого не всегда обуздаешь дамскою подвязкой. В одну и ту же минуту он роптал то на холод, то на горячность Веры.

– Не считаете ль вы меня ртутью, княгиня, которая тогда постоянна и ковка, когда заморожена? – говорил он с укором. То умоляющим голосом восклицал: – О, не гляди так на меня, очаровательница! разве хочешь ты, чтоб я истаял как воск под тропическим солнцем!

Целуя браслет, он клялся, что не завидует раю, и через час он клялся, что он самый несчастный из смертных, – зачем? Ему полюбился пояс, заветный еще для его губ; после пояса следовало ожерелье, а там я не знаю, право, что. Близость разлуки извиняла его порывы и восторги, его гнев и самозабвение. Лестно, но страшно было быть так любимой. Жаркие битвы должна была выдержать Вера и с бурным нравом Правина и с собственным сердцем. Каждый отказ стоил ей слез непритворных. Она плакала, и пламя погасало в Правиле от немногих слез милой, как, по народному поверью, гаснет молниею запаленный пожар от парного молока. Она противилась, как порох, смоченный небесною росою,

---

[189] ...статью «Нечто о любви душ». – Видимо, это шутка Бестужева – такой статьи в «Соревнователе просвещения и благотворения» нет.

противится искрам огнива: сотни ударов напрасны, но каждый удар сушит зерна пороха, и близок миг, когда он вспыхнет.

Как московская барышня, Вера половину своей юности прожила среди полей, другую – в столице. Но девушки в Москве имеют гораздо более свободы, чем в Петрополе, а где свобода, там и природа. Вот почему девушек находил я гораздо занимательнее в Москве, дам – в Петербурге. В первых найдете вы нередко милую простоту, в последних – остроумие; в первых – прелесть, во вторых – ловкость, которую дает лишь двор и вкус, впрочем, более дитя привычки, нежели чувства; одним словом, в Москве есть гармония, в Петербурге – тон. В Москве учатся многим иностранным языкам и много читают. В Петербурге нет времени ни для науки, ни для чтения, а владыка – язык французский. По-итальянски только поют, о Байроне говорят понаслышке и боятся языка Шиллера, чтобы не изломать своего. Притом же в Петербурге столько гвардейцев и дипломатов, столько чиновников всех цветов, столько парадов, гуляний, спектаклей, визитов, выходов, что будь день о сорока восьми часах – и тогда не стало бы времени на рассеяние. Кроме того, в Москве еще пахнет Русью; в ней хоть немного характеров, зато куча оригиналов, в ней есть свои поверья, свои причуды, свои обычаи – в ней есть старина. Зато уж в Петербурге хоть мало современного, но все новое, все с молотка – и ни русского мира, ни русского словца! На площадях толкутся маймисты[190], на перекрестках стоят синьоры с продажными зонтиками, по набережным покачиваются англичане с руками в карманах и с годдемом[191] в зубах, у крылец шаркают французы, в нижних этажах шевелятся немцы. Русский калач там чужестранец; благословенная бородка пробирается по стене и рада, рада, если унесет в целости свои бока от будочника или от дышла какого-нибудь посланника, который скачет разыгрывать во весь дух дипломатическую ноту. Нет дома, где бы садились за стол, крестясь одинаково, где бы хвалили одно и то же кушанье, просили одним и тем же языком напиться. Про высший круг и говорить нечего: там от собачки до хозяина дома, от плиты тротуара до этрусской вазы – все нерусское, и в наречии и в приемах. Бары наши преважно рассуждают, каково Брюно играл Жокрисса, как была одета любовница Ротшильда на последнем рауте в Лондоне; получают телеграфические депеши о привозе свежих устриц, а спросите-ка вы их: чем живет Вологодская губерния? Они скажут: «Je ne saurais vous le dire au juste, mr.[192]; у меня нет там поместьев».

---

[190] Маймисты – финны (от финск. maa – земля, mies – муж).

[191] Годдем (англ. God damn) – проклятье, ругательство. Брюно (Брюне Жан-Жозеф; 1766—1851) – актер французской труппы в Петербурге.

[192] Не скажу вам точно, сударь (фр.)

Впрочем, нравственность одна в обеих столицах: посредственность и эгоизм! Никто не заботится о том, что подумают о нас добрые люди: у них лишь то на уме, что станет говорить княгиня Марья Алексевна. Во всех личность, все частность, везде расчет. Ничего общего, ничего высокого. Княгиня Вера взросла на таком же миндальнем молоке, но она была довольно счастлива, что нашла истинно добрых и умных подруг, и довольно умна сама, что их оценила. Чтение поэтов познакомило ее с прекрасным миром; она пристрастилась к нему, восхищалась им; но эта страсть дала ей другую опасность – опасность мечтательности. Не всех птиц можно стрелять сидячих: иных выгоднее на лету; Вера принадлежала к числу последних. Недоступная ничтожности вертопрахов, несгораемая от мышьего огня светских болтунов, закруженная вихрем света, в который только что явилась, – она была равнодушна, хотя ее не защищала любовь к человеку доброму, но пустому, но холодному, которому тетушки и судьба приковали ее, как узника к колоде. Чтобы пленить ее, надо было сперва поразить внимание чем-нибудь необыкновенным, раздражить любопытство занимательностию, – а там недалека и любовь, потому что сердце ее жаждало любви, как сухая губка. Так и сталось. Встреча с человеком безыскусственным, пылким, новым, который так чудно выходил из рам всего, что делается и говорится в свете, победила ее потому именно, что С этой стороны она не ждала нападения, еще меньше падения. Она, однако ж, скоро почувствовала, что любит, и письма ее к подруге стали с той поры скромнее, хотя красноречивее... она говорила обо всем, кроме своего сердца, обо всех, кроме Правина. Да и могла ли замужняя женщина делать из девушки, из невесты поверенную тайн, которых бы сама она не желала иметь? Эта неделимость, это одиночество страсти еще более одолевали Веру. Быстро увлеченная в чужой след, она, однако ж, уступала, борясь мужественно; она чувствовала, что для спокойствия, если не для счастия, к светскому правилу: sauvez les apparences[193], необходимо было прибавить: sauvez la conscience![194] И, надеясь на эту решимость, вместо того чтобы вытащить свой челн на берег, она смело простирала свой газовый парус против бурного дыхания страсти, – и вал, грозный вал рассыпался в прах о слабую грудь ее ладьи или, отбитый, с ропотом катился обратно.

Так прошел месяц, но месяц – век для призванной любви. Он век брожения. Думы, желания, требования роятся, кочуют, сменяют, истребляют друг друга. Корабль, будто плавучий ледник, сохранил сердце Правина девственным и в нем силы юности. Они бушевали неудержимо,

---

[193] Сохраняйте благопристойность (фр.)
[194] Сохраняйте совесть (фр.)

особенно когда светская философия надевала на себя мундир Границына и пенила и кипятила их своими кислотами.

— Мне кажется, ты воспитан в брюхе кита, — говорил Границын, расстегивая крючки воротника своего. — Вместо того чтобы вторить своей княгине Вере в арии di tanti palpiti[195], тебе бы надо уверить ее, что una voce poco fa[196],[197]. Терпение — прекрасная добродетель в дромадере[198], но сами дромадеры, mon cher, нужны в степях, а не на паркете. Правда, многие пояса затянуты гордиевым узлом[199]; зато режь их пополам, если не хочешь, чтоб другой разорвал их у тебя под носом. Право, стыдно будет, если эта белокаменная московочка проведет тебя. Вот тебе моя рука — она над твоею простотою смеется, а быть может, и сама досадует на твою застенчивость.

Эти насмешки, перемешанные с шампанским, лились прямо в сердце Правииа: они то ЛЬСТИЛИ, ТО подстрекали его страсть. «Нет, – думал он, – полно мне жеманиться. Сегодня или никогда!» И назавтра было то же, напослезавтра то же. Пламенные письма, неистовые сцены, упреки, угрозы, гнев, разлука – все было напрасно: Вера стояла непреклонна. Правии решился.

Любовь хитра на выдумки свиданий: Правин видался по нескольку раз в день с княгинею, и все устраивалось будто самым естественным и случайным образом. Однажды он приехал к ней на дачу в полдень.

— Что это значит, капитан, – спросила Вера, – вы в полном мундире?

Любовь есть страсть исключительная: ей нестерпима мысль о множестве или разделе. Вот почему так скоро переходят любовники от местоимения вы к местоимению ты. Со всем тем первые приветствия встречи принадлежат свету; любовь берет свои привычки после.

— Княгиня, – сказал он, холодпо поцеловав у ней руку, – я приехал к вам проститься – надолго, может навсегда.

— Вы шутите, капитан, ты меня пугаешь, ЕИе, – зачем зто? Разве не тысячу раз уверял ты меня, что воротишься на весну и возвратишь весну душе моей!

— Я сейчас от начальника штаба. Узнав, что фрегат мой готов, он был так добр, что позволил выбрать мне любое из двух поручений: или идти

---

[195] Какой трепет (ит.)

[196] Одного голоса еще мало (ит.)

[197] Вместо того, чтобы вторить.. в арии dl tanti palpiti, тебе бы надо уверить ее, что una voce poco fa… – слова из арии Розины в опере итальянского композитора Россини (1792—1868) «Севильский цирюльник» (1816).

[198] Дромадер (дромадар) – одногорбый верблюд.

[199] …пояса затянуты гордиевым узлом… – См. коммент. к с. 418 тома I.

ненадолго в Средиземное море, – там что делать? ведь мир с турками почти подписан, – или отправиться на четырехлетнее крейсерство к американским берегам, частью для открытий, частью для покровительства нашей ловле у Ситхи[200], у Алеутских островов и близ крепости Росс[201]. Я избираю последнее!

– Нет! ты этого не сделаешь, ты не сможешь этого сделать! И как решаешься ты, не посоветовавшись со мною? Разве я чужая твоему сердцу! – вскричала, вскочив, вспыльчивая княгиня. – Я бы могла еще помириться с мыслию, что неотразимый приказ службы забросил тебя от меня далеко и надолго; но чтобы ты по своей доброй воле бросил меня на четыре года – нет, этому не бывать, никогда не бывать!

– Никогда не говорите никогда, княгиня! Это слово имеет вес только в устах судьбы. Вы сказали, что я по доброй воле отправлюсь отсюда, – и вы могли это сказать, вы, за чей взор отказался я от собственной воли, для кого жертвовал и обязанностями службы и обетами славы! Вы!.. Для кого ж иного мила мне жизнь? за кого ж красна была б мне смерть? за кого, если не за тебя, отдал бы я душу свою, променял на любовь твою рай и за миг счастия – вечность!! Но вы, ваше сиятельство, не удостоили снизойти до взаимности; вы любили на мерку и раскланивались чувству, когда приходили на границу, делящую удовольствие от опасности; вы в то же время думали, как бы не смять своих газовых лент, когда сердце мое разрывалось, когда я умирал у ног ваших!

– Злой человек, неблагодарный человек! Я ли не ценила тебя, я ль не делила твоей любви! Но я не разделяю твоего безумия. Тебе отдала я чистоту души и покой совести, но чести моей не отдам – она принадлежит другому.

– Как вы искусны в теологии[202] и геральдике[203], ваше сиятельство! Вы до золотника знаете, что весит поцелуй на весах неба и какую тень бросает он на герб. Признаюсь вам, я не постигал никогда градусов любви по Реомюру[204]. Гордостью считал я любить безмерно, беззаветно, предаваться весь – так люблю я, так желал быть любим, так – или нисколько. Чувствую, что я теряю рассудок, а вы, вы не хотели бросить вздорного предрассудка!.. Помните ли, я одном письме я писал к вам: не читайте

---

[200] Ситха – остров на северо-западе Северпой Америки.

[201] Крепость Росс – русское поселение в Калифорнии, основанное в 1812 г. Российско-Американской компанией.

[202] Теология – богословие, церковное учение.

[203] Геральдика – составление, истолкование и изучение гербов.

[204] Реомюр Рене-Антуан (1683—1757) – французский естествоиспытатель, изобретатель спиртового термометра (1730).

далее или исполните, что далее сказано… Зачем же вы преступили завет и отринули мольбу! Однако не думайте, княгиня, будто я ни во что ставлю ваши ласки, ваш ум, ваши достоинства! О, никто в мире не мог лучше, не мог выше оценить и ваши прелести и вашу снисходительность ко мне. Но любовь питается жертвами, доказывается пожертвованиями, все или ничего – ее девиз, а я измучен вашими полужестокостями, уничтожен вашими полумилостями. Ужели хотите вы, чтобы я забывал вас с другими, лишь бы – не забывался с вами! Признаюсь, это чудесная любовь!

– Боже великий! и я могла любить такого безжалостного человека!

– Любить?., бросимте этот разговор, княгиня. Я уступаю вам пальму нежности. Я беру на себя все вины, я неблагодарен, я жестокосерд, я все, что вам угодно. Будьте счастливы, княгиня! Люди с вашим нравом созданы для светского счастия. Они очень довольны, если на сердце у них пробьются цветки, хоть эти цветки жалкие подснежники. Еще раз – будьте счастливы. Наслаждайтесь своею любовью «с дозволения правительства»; ожидайте с поклоном прилива нежности своего супруга, за которую обязаны вы будете бутылке бургонского или перигорскому пастету!

– Слезы, а не слова – ответ на такую обидную насмешку!

– Слезы – роса, княгиня. Взойдет солнце, укажет чао ехать на прогулку – и они высохнут!

– Они высохнут раньше, но это будет от отчаяния!

– Отчаяние?., это что-то новое выражение в модном словаре! Нет ли какого перстня или браслета такого имени! Ведь есть же супиры[205], и репантиры, и сувениры у любого золотых дел мастера. Отчаяние!!

Недолго женскую любовь[206] Печалит хладная разлука; Пройдет печаль, настанет скука… Красавица полюбит вновь!

С гордостию подняла княгиня свои заплаканные очи на Правина, и взор ее пронзил его укором.

– Кто так худо знал прошлое, тому напрасно браться за пророчества, – сказала она. – Любуйтесь своим жестокосердием, капитан; хвалитесь своим подвигом, смейтесь над бедным сердцем, которое вы разбили. Да, вы убиваете меня, как Авеля[207], зачем я принесла одни чистые плоды на жертвенник любви!.. Будьте же сестроубийцею за то, что я любила вас как брата!

---

[205] Супир – подаренное на память колечко, надеваемое на мизинец.

[206] «Недолго женскую любовь…» – стихи из поэмы Пушкина «Кавказский пленник» (1821). Третья строка читается так: «Пройдет любовь, настанет скука…»

[207] Авель – по библейской легенде, второй сын Адама и Евы, «пастырь овец»; убит своим старшим братом Каином за то, что бог предпочел принять жертвоприношение Авеля.

– Как брата, говорите вы? Но разве братские мученья не требуют братского раздела? Впрочем, я не пришел считаться с вами, княгиня, ни укорять вас, ни умолять вас – я ожидаю одного прощального поклона... ни полслова, ни полвзора более!

Изображают вечность змеей, грызущею свой хвост, – точно так же изобразил бы я гнев... он тоже поглощает сам себя; крайности слиты и в нем. Правин, чрезвычайный во всем, увлекся несправедливым негодованием: оно, подавленное, будто льдом, хладнокровием наружным, тем сильнее крушило сердце – и вдруг заметил он губительную силу слов своих над Верою. Она была бледна, как батист; слезы застыли на лице, но она уже не плакала, не рыдала. Левая рука ее сжата была на колене, между тем как правою упиралась она в грудь свою, будто желая выдавить оттуда удушающий ее вздох; в очах, в устах ее замирал укор небу.

О! злобен тот, кто заставляет свою милую проливать горькие слезы, кто влагает в ее уста ропот на провидение; но тот, кто с усмешкою удовлетворенной мести или равнодушия может их видеть или слышать, – тот чудовище. Правин упал к ногам Веры – плакал, плакал как дитя, и речи раскаяния пролились, смешанные с горючими слезами.

– Вера, прости меня, – говорил он, обнимая ее колена, целуя ее стопы. – Ангел невинности! я оскорбил тебя, я не понимаю, что говорю, не знаю, что делаю! Я безумец! Но не вини моего сердца ни за прежние обиды, ни за теперешние клеветы – у меня доброе сердце, и может ли быть злобно сердце, полное любовью, любовью к тебе!.. Зато у меня буйная кровь... у меня кровь – жидкий пламень: она бичует змеями мое воображение, она палит молниями ум!.. Я ль виноват в этом? я ли создал себя! За каждую каплю твоих слез я бы готов отдать последние песчинки моего бытия, последнюю перлу счастия. Да, нет мне отныне счастия! На одной ветке распустились сердца наши – вместе должны б они цвесть; но судьба разрывает, рознит нас! Пускай же океан протечет между нами, пускай бушует – он не зальет моей любви, лишь бы ты, ты, сокровище души моей, была невредима от этого пожара! Я еду, – не говори нет, ангел мой, – не могу я, не должен я остаться. Это необходимо для твоего, для моего спасения, для сохранения моего рассудка и твоей чести... Прощай!.. О! как тяжко разлучаться! Легче, легче расстаться душе с телом, чем душе с душою. И я буду жить не с тобой, вдали от тебя, не имея вечером надежды увидеться поутру; осужден буду не любоваться твоими очами, не чувствовать на сердце твоего дыхания, не слышать речей твоих, не вкушать поцелуя! и быть одному – ив этом ужасном одиночестве знать, что ты принадлежишь иному!! Скажи: какая мука превысит это, кроме муки при глазах своих видеть тебя в чужих объятиях? Прости ж, прости! Мне суждено бежать тебя всегда и всегда любить безнадежно. Душа моей души! ты была единственною радостью моей жизни; ты останешься единственною моею горестью, всегдашнею мечтою, последнею мыслию при смерти! О, я любил тебя, Вера, много люблю, – взгляни на меня по-прежнему, милая, и прощай – я еду.

Столь быстрый переход от укоров к нежности, от гнева к грустному отчаянию изумил княгиню. Раздирающие душу жалобы любовника ее поколебали, его слезы победили ее. Взор княгини блеснул необычайною ясностию; прелестное лицо ее одушевилось зарею самоотвержения.

– Поезжай хоть на край света, Илья, – сказала она Правину голосом, который звучал сладостно, как весть прощения преступнику на плахе. – Поезжай, – молвила еще, целуя его голову, – но ты поедешь не один: я сама отправлюсь с тобою; с этого часа у нас одна доля, одна судьба. Тебе я жертвую всем, для тебя все перенесу! Лишь бы ты, одеваясь могильною тенью, сказал: «Вера меня любила!» Не спрашивай, как я сделаю, чтобы нам не разлучиться, – любовь научит меня. Требую одного и непременно: иди в Средиземное море, а не в Америку!

Это произошло 17 августа 1829 года, ровно в час за полдень. Так по крайней мере отмечено было красным карандашом в памятной книжке Правила.

V

L'homme s'epuise par deux actcs instinctivement accomplis qui taris-sent les sources de son existence. Deux verbes expriment toutes les formes que preiment ces deux causes de la mort: vouloir et pouvoir[208],[209].

Balzac

Ровно через десять дней после числа, записанного красными буквами, отличной красоты фрегат снялся с якоря и с южного кронштадтского рейда пошел в открытое море. На корме его рисовалась

---

[208] Эпиграф взят из первой главы романа французского писателя Оноре Бальзака (1799—1850) «Шагреневая кожа» (1831).

[209] Человек истощает себя двумя действиями, выполняемыми инстинктивно, которые иссушают источники его существования. Два глагола выражают формы, в которые выливаются эти две причины смерти: желать и мочь. Бальзак (фр.)

группа из трех особ: одного стройного флотского штаб-офицера, подле него человека небольшого роста с генеральскими эполетами и прелестной дамы. Фрегат этот назывался «Надежда»; на корме его стояли: капитан Правин, князь Петр *** и его супруга.

Обещание княгини Веры сбылось; да как и не сбылось бы оно? Если женщина решительно захочет чего-нибудь, для нее нет невозможностей. Князь Петр давно проговаривал, что ему хочется попутешествовать для поправления здоровья, – воля жены заставила его решиться, даже убедиться, что для него необходимы макароны в оригинале, устрицы прямо из Адриатического моря. Разумеется, к этому прибавил он несколько восклицаний о чистой радости дышать небом Авзонии[210], прогуляться по Колизею[211], бросить несколько русских гривенников лазаронам Неаполя и на закуску покатиться по Бренте[212] в гондоле, дремля под напев Торкватовых октав[213]! Князь Петр без надписи не отличил бы Караважа от Поль Поттера[214] и не раз покупал чуть не суздальские мазилки за работу Луки Кранаха[215]; но князь Петр, как человек, который хотел слыть ровесником века, или, как выражаются у нас, a la hauteur du siecle[216], скрепя сердце заглядывал иногда в энциклопедию и довольно бегло, хотя очень невпопад, толковал о художествах, о пушках Пексана[217], о паровой машине и примадонне Каменноостровского театра, о сморчках и политике. Вздумано – прошено. Князя Петра не думали удерживать. Напротив, ему дали еще несколько поручений и позволили ехать до Англии на фрегате «Надежда»; это случилось так невзначай и так кстати!! Князь Петр не знал, откуда у него взялась такая охота к морю! Конечно,

---

[210] Авзония – поэтическое название Италии.

[211] Колизей – амфитеатр, памятник древнеримской архитектуры (75—80 гг. до н. э.).

[212] Брента – река на севере Италии.

[213] ...дремля под напев Торкватовых октав! – Тассо Торквато (1544—1595) – итальянский поэт, ренессансная лирика которого воспевала природу и любовь.

[214] ...не отличил бы Караважа от Поль Поттера... – Караваджо Микеланджело Меризи да (1573—1610) – итальянский живописец, основоположник реалистического направления в европейской живописи XVII в. Поттер Поль (Поттер Паулюс; 1625—1654) – голландский живописец и офортист, изображавший природу, жанровые сценки.

[215] Кранах Лука (Кранах Лукас Старший; 1472—1553) – немецкий живописец и график.

[216] На уровне века (фр.)

[217] ...о пушках Пексана... – Пексан Генрих-Жозеф (1783—1854) – французский генерал, пушки которого, стрелявшие разрывными снарядами и названные бомбовыми, были приняты на вооружение в 1830 г.

сборы князя Петра продолжились бы, вероятно, до заморозков: то нет дичинного бульону, или толченых рябчиков, или сушеных сливок, то не нашли настоящих Piccalilli[218], то не достали вечного Донкинсова супу в жестянках. Зато княгине недолго было уложить свое сердце, а имевши его в груди, влюбленная женщина смело может сказать: «omnia mecura potto – всё с собою ношу!»

– Я готова, мой друг, – ласково сказала она своему раздумчивому супругу, – фрегат не будет ждать нас – завтра мы перебираемся на него непременно.

Такой лаконизм не очень понравился князю Петру, который начинал уж догадываться, что как ни вкусна морская рыба, но она все-таки далее от губ, нежели теленок на рынке; но услышав, как решительно объявила княгиня его повару и камердинеру, что если они не будут во всей готовности к пути сегодня, то завтра следа их не останется в ее доме, проглотил свое но, – и вот он волею, а пуще того неволею – морской путешественник.

Покуда вывертывали якорь, покуда фрегат катился под ветер с парусами, трепещущими будто от нетерпения, сомненье: точно ли мы останемся на фрегате? волновало грудь Веры. Взоры ее перелетали с берегов, словно кружащихся около, на мужа, который с сожалением ловил их глазами. Зато когда фрегат взял ход и стал салютовать крепости, это торжественное прощанье с Россиею убедило Веру, что уже возврат на берег невозможен, что она долго и близко будет с Правиным; очи ее засверкали; она взглянула на море, которое развивалось впереди все шире и шире, потом на своего милого – и взор ее сказал: «Перед нами море, море блаженства!» Ни одна печальная мысль, ни малейший страх не возникали между нею и Правиным: чувство счастия казалось ей беспредельным.

Но высоко билось сердце Правина, и не одним наслаждением: какой мужчина покинет родину, не оглянувшись на нее, не вздохнувши по ней, будучи даже подле любимой, особы? Сомнительная дума: увижу ль-то я тебя, и как я тебя увижу? – щемит ретивое, и сквозь слезу тускнеет синева дали.

Грустно смотрел Правин на покинутый берег отечества и с каким-то беспокойным любопытством прислушивался к перекатам ответных выстрелов с Кроншлота. С промежутками, одно за другим, гремели огромные орудия, грозно, таинственно, повелительно! Вы бы сказали: «То голос судьбы, которому вторило небо…» Правин внимал им, будто своему приговору, прочитанному на неведомом для него языке; но непостижимый смысл убегал от понятия человеческого. Наконец

---

[218] Острые пикули (англ.)

седьмой, последний выстрел сверкнул и грянул, как седьмая роковая пуля во Фрейшице[219], и постепенно гром стих. Умолкли и далекие гулы во всех четырех сторонах горизонта. Тогда черные облака дыма, слетевшие с чугунных уст, возникать стали перед очами Правина. Казалось, роковые звуки превратились в иероглифы, подобные надписи, начертанной огненным перстом на стене пиршества для Валтасара[220]!.. Потом иероглифы сии развились чудными, вещими образами, будто переходя из мысли в существенность, будто олицетворяя, дополняя собою непонятное изречение. Дунул ветер и спахнул эту величественную строфу, этот дивный очерк судьбы!.. Еще миг, и там, где витал он, весело сияло вечное солнце, бесстрастно катились вечные волны... Тайная грусть влилась в сердце Правина... «Не звук ли, не чудные ли иероглифы, не перелетный ли образ дыма сами-то мы в вечности мира!» – подумал Правин; но он взглянул на Веру, и родина с своими воспоминаниями, море с своими волнами, небо со своим солнцем, будущее со своими страхами – все, все исчезло от Правина; он видел одну ее, существовал только для нее; он был весь наслаждение, весь любовь!..

На три вещи могу я смотреть по целым часам, не замечая их бега. Три вещи для меня ненаглядны: это очи милой, это божие небо и синее море. Велико ли яблоко глаза? но в нем между тем раздольно трем мирам, то есть чувству, мысли и свету видимому. В глазе, как в яблоке познания добра и зла, таятся семена жизни и смерти. Сладостно созерцать в любимых очах игру света и теней, то есть чувства и мысли; замечать, как распускается и сжимается зрачок, на коем, как на гомеровском щите Ахиллеса[221], рисуется вся природа; следить, угадывать, ловить искры страсти, пропицать туман грусти и по складам читать в глубине души понятия, склонности, ненависти; наблюдать, как на милую особу действует мир и как бы она действовала на мир. Это разговор сердец взорами, это гальваническая сплавка душ. Но любопытен и глаз каждого человека: чудный, хотя и неизданный роман таится в нем; каждый взор

---

[219] ..седьмая роковая пуля во Фрейшице... – По немецкому преданию, фрейшиц – вольный стрелок, находился в союзе с чертом. Каждая седьмая его пуля направлялась чертом. «Фрейшиц» – «Волшебный стрелок», опера немецкого композитора К. Вебера (1786—1826).

[220] ...надписи, начертанной огненным перстом на стене пиршества для Валтасара!.. – Валтасар – сын последнего вавилонского царя. Войска персидского царя Кира, овладев Вавилоном, убили Валтасара (539 г. до н. э.). В библейской книге пророка Даниила описывался пир Валтасара («Валтасаров пир») и содержалось пророчество о его гибели.

[221] ...на гомеровском щите Ахиллеса... – Щит Ахиллеса описан Гомером в XVIII песне «Илиады».

71

его есть уже глава, то в роде Жилблаза[222], то в роде Дон-Кихота или Роб-Роя[223]. Как в двухчасном сне переживаем мы иногда целые годы, так в одной клубком свитой мысли, мысли, умирающей в полуродах, мысли, которой весь век четверть мига, заключается и желанье добыть, и готовность на всякое зло, чтоб добыть, и раскаянье за то совести, и страх закона, страх общего мнения, и, наконец, торжество доброго начала, которое стирает эту черную точку даже с памяти. Или, напротив, мысль чистая как слеза сверкает во взоре: помочь несчастному, выручить из беды друга, отдать все, погибнуть за правду, – и вслед за тем сомненье: полно, правда ли это? полно, право ли это? потом отсрочка: еще завтра успеем; потом дать, пожертвовать менее, менее, и, наконец, совет себялюбия: есть люди богаче и сильнее тебя... ты что за выскочка? За этим следует обыкновенно финал самой бездушной скупости:

Ты все пела? Это дело, Так поди же попляши.

И потом, какое быстрое сплетение намерений, выдумок, уловок, приключений: сколько злых замыслов, никогда не свершащихся; сколько слов, которые никогда не будут произнесены; сколько дивных мыслей, которые сольются с ничтожеством! И все это, как сказал я, заключенное в одном миге, в одном взоре, даже в одном сотрясении зрачка. О! кто хочет изучить китайскую грамоту души человеческой, кто желает видеть ее нагою, тот изучай их очи! Но знай тот, что он берется за ремесло могильщика, 4fo на каждый день он будет зарывать в прах по лестной мечте, по доброму мнению о людях, что он схоронит, как родных своих, участие к ним и, наконец, собственное сердце... разобьет свой заступ о череп и уйдет в лес с базара – кладбища, которое в просторечии называют свет! Уйдет туда умереть один, отдать труп свой зверям, и птицам, и ветрам, лишь бы не потешить своею кончиною любезных братьев-человеков!!

Но неужели таково все человечество, все люди? Сохрани бог задумать, не только поверить! Поколение наше – бурная, мутная волна, но и в этой волне есть легкая пена, есть чистые капли, есть перлы, вымытые со дна морей. Сколько высоких душ знал я, сколько знаю доселе! Они мирят человека с человечеством, как мирит природа человечество с его судьбою. Поверьте, если не все добро делают, то все добро признают, – а это не безделица.

Люблю я глядеться и в безбрежное небо. Когда пристально и долго смотришь в него, то заметны становятся струйки эфира, прелестно

---

[222] Жилблаз (Жиль Блас) – герой романа А. – Р. Лесажа «История Жиль Блаза из Сантильяны» (1715—1735).
[223] Роб-Рой – герой одноименного романа (1818) Вальтера Скотта.

играющие по синеве… это истинная гармоника для очей. Раздольно там, привольно там шириться орлу, реять вечно вешней ласточке, жужжать незаметной мушке, порхать однодневной бабочке! Там странствуют тучи, чреватые перунами, там гуляют облака, играющие отливом радуги. Там живут звезды; оттуда живит нас солнце.

Мирные светила! вы не знаете бурь и смут наших!.. Солнце не бледнеет от злодейств земных; звезды не краснеют кровью, реками текущею по земле. Нет! они совершают пути свои беззаботно и неизменно. Солнце встает так же пышно наутро, хоть, может быть, целое поколение, целый народ исчез с лица земли после его заката, и во мраке по-прежнему распускаются ночные цветы неба – звезды по-прежнему сверкают нам огнем любви и, мнится, текут в океане благости! Да, созерцая свод неба, мне кажется, грудь моя расширяется, растет, обнимает пространство. Солнца, будто отраженные телескопом на зеркале души, согревают кровь мою; мириады комет и планет движутся во мне; в сердце кипит жизнь беспредельности, в уме совершается вечность! Не умею высказать этого необъятного чувства, но оно просыпается во мне каждый раз, когда я топлюсь в небе… оно залог бессмертия, оно искра бога! О, я не доискиваюсь тогда, лучше ли называть его Иегова[224], или Dios[225], или Алла?[226] Не спрашиваю с немецкими философами: он ли das immerwahrende Nichts или das immerwahrende Ailes?[227] – но я его чувствую везде, во всем, и тут – в самом себе. О, тогда весь шар земной кажется мне не больше и не дороже медного гроша. Но жизнь, подобно удаву, наводит на меня свои обаяющие глаза, и я, как жаворонок, падаю в пасть ее с неба!!

И ты, море, бурный друг моей юности! как горячо любил я тебя в старину, как постоянно люблю доныне! Отрок, я играл с твоими всплесками; юноша, я восхищался твоими зеркальными тишинами и грозными бурями с вышины мачты. Праздниками были мне те дни, те недели, которые мог я проводить на палубе, вырвавшись из душной столицы, сбросив свинцовые цепи педантизма. Помню, как, бывало, вахтенный лейтенант, шутя, отдавал мне рупор для поворота и с каким неизъяснимо сладким удовольствием командовал я: «право на борт» и «кливершкот отдай!». Как важно посматривал на вымпел, чтобы вовремя крикнуть: «грот-марса-булень отдай!» С этим магическим словом все реи, с рокотом блоков, переметывались на другую сторону, и корабль, подобно

---

[224] Иегова – искаженная форма имени бога Яхве в иудейской религии.

[225] Бог (исп.)

[226] Алла (аллах) – бог в мусульманской религии.

[227] Вечно длящееся Ничто или вечно длящееся Все (нем.)

коню, который дрожит от ярости, но покоряется воле всадника, довершал оборот по слову тринадцатилетнего мальчика. Я высоко подымал брови, я гордо смотрел на небо, у которого уловил я ветер, на море, которое пробегал бесстрашно, на фрегат, которым повелевал по прихоти, коим мог повелевать даже по ошибке!.. Я уже постигал это; я чувствовал силу свою.

Море, море! тебе хотел я вверить жизнь мою, посвятить способности. Я бы привольно дышал твоими ураганами; валы твои сбратались бы с моим духом. Твои ветры носили бы меня из края в край, тобою разделяемые и тобою же связанные. Статься может, моя бы молодость проспала, как чайка, на твоих бурунах; статься может, отшельник света в плавучей келье, не знал бы я душевных гроз в заботе от гроз океана… но судьба судила иначе…

Ты не моя, прекрасная стихия, но все еще я люблю тебя, как разлученного со мною брата, как потерянную для себя любовницу! Сколько раз, мучим бессонницею в теплой постели, завидовал я ночам, проведенным на шлюпке, под ливнем осенним, под бурей и страхом, на драницу от смерти. Сколько раз, в противоположность тому, сожалел я, в грязи биваков, о зыбкой койке на кубрике, в которой засыпал, внимая журчанию скользящей вдоль борта воды над самым ухом и повременному оклику вахтенного лейтенанта на рулевых: «Держи вест-зюд-вест!» – «Есть так». – «Полшлага еще!» – «Есть». – «Держи так!» – «Есть так».

И теперь с холодным сердцем не могу я глядеть на зыбкую степь твою, по коей рыщут дружины волн, внимать твоему реву и ропоту; ты говоришь мне родным языком, ты веешь мне стариною. Люблю я мечтать, склонясь над тобою, и переживать то, чего давно нет; люблю вскачь пускать коня моего вдоль песчаного берега, разбрызгивая твою пену, и любоваться, как волны смывают мгновенный след мой!

Это мое былое и будущее.

Так любовался Правин черными очами Веры, так гляделась она в голубые глаза Правина, глаза, которые чудной игрой природы осенены были черными ресницами, черными бровями и кудрями. Рука с рукой любовались они пенною колеей, взрезанной кормою, колеей, беспрестанно новой и беспрестанно исчезающей. Волны, как друзья, то улыбались им, то хмурились на них и, мерно поражая фрегат, звучали как стихи Пушкина; при солнце рассыпались радужными снопами, при луне – растопленным серебром; в темную ночь сверкали фосфорного пеною: корабль плыл в море света. И бездонное небо, то со своим ночным пологом, вышитым звездами, то с голубым шатром дня, у коего маковкой было солнце, то в бурной ризе из туч, так величаво и таинственно восставало над любящимися, что они безмолвно терялись в созерцании и в разгадывании. Очи, небо и море! море, очи и небо! Какого века было б достаточно, чтоб насытиться вами, наглядеться вами!! Но любовь дает душе тысячи граней: в них, в одно мгновение, отражается множество предметов, и все различно, все ярко, все блистательно. Так малейшая красота природы, пустая шутка офицеров за чайным столиком, смешная сказка матросов, усевшихся с трубками над лоханью воды у камбуза[228] под баком, страница книги, прочитанной вместе, давали нашим любовникам неистощимый родник споров и разговоров, порождали тысячи новых мыслей.

Правду сказать, им для этого было довольно досуга. Правин уступил гостям все свои каюты, за исключением самой маленькой в стороне. Беспечный супруг скоро привык к корабельной жизни; да и о чем было ему горевать? Повар с ним был отличный, живности вдоволь, следовательно любимое его изящное художество, то есть Plastik des Fliessenden (зодчество жидкостей), по выражению немецких мыслителей, шло как нельзя лучше. Потолковав с художником поварни, он целое утро играл в кают-компании с мичманами в шахматы; за обедом подливал Стеллинскому бордо; после обеда отдыхал, а там опять та же история. Между тем как князь Петр живмя жил в кают-компании, между тем как иной шалун, лукаво улыбаясь, замечал, что самая слабая его игра – шах ферязи, капитану Правину припала необыкновенная охота к письменным делам: он беспрестанно сидел за астрономическими выкладками, у коих итоги были едва ль не взоры княгини, и за журналом своих путешествий вкруг обеих гемисфер[229].

Взгляните на карту: какое раздолье между Тигром и Ефратом[230] приписано было земному раю для первой четы наших праотцев; мы не такие баловни, мы попривыкли к тесноте… Эдем[231] наш уместиться может на одной полосе земли, в четырех стенах кабинета, в скромной каюте, где вам придется жить втроем с любовью и с тридцатишестифутовою пушкою. Если не верите, спросите у Правина и княгини Веры. К счастью ж Правина и княгини Веры, хотя к большой досаде всех его товарищей, бури и противные ветры замедляли их плавание, задерживали в портах, куда необходимо было зайти для освежения припасов и наливки водою. Так все относительно в этом свете. Вожделенна молния, когда указывает она потерянную дорогу. Ужасна заря, открывающая осужденному эшафот.

---

[228] У печи. (Примеч. автора.)

[229] Гемисфера – полушарие.

[230] …раздолье между Тигром и Ефратом… – Тигр и Ефрат – реки в Ираке, в междуречье которых, по иудаистской и христианской мифологии, был рай для первых людей рода человеческого – Адама и Евы.

[231] Эдем – по библейской легенде, земной рай; здесь: благодатный уголок земли.

Для путника первая блистает, как свеча пиршества; для преступника вторая, как лезвие топора. То, что рождало зевоту и побраики на устах моряков, внушало любовникам сладкие речи и еще сладчайшие поцелуи.

– Не бойся, милочка! – говорил Правин Вере, когда она страстно прижималась к его груди, внимая ударам разъяренных валов в состав фрегата.

– Мне ли бояться их, – возражала она, – когда я знаю, что каждая волна приносит мне лишнюю минуту счастья. Пускай дрожит от них дуб: мое сердце трепещет не от робости.

Оба любовника не выходили из забытья любовной горячки, забытья, оживленного наслаждениями и пламенными мечтами. Правда, минутная ревность злобно терзала сердце Правина, когда князь Петр приближался к Вере со своими насущными ласками, но тогда ее умоляющий взор, но после ее беззаветная преданность награждали его терпение, – и он упокоивался. Чистое сердце – точно волшебная прялка: она выпрядает золото поэзии из самой грубой пеньки вещественности; любовь Правина, Веры была истинна: то была страсть, какой давно не видит и не верит свет. Они блаженствовали.

Я сказал, что противные ветры замедляли путешествие фрегата «Надежды»… без сомнения, любовь в том выигрывала; но едва не теряла в том служба, и очень много. Правин утопил в своей привязанности все другие заботы. Любоваться Верой, когда вместе, думать о ней, когда врозь, стало его любимым занятием. То задумчив, то рассеян, он мало обращал уже внимания на порядок управления парусами, на внутреннее устройство фрегата и команды. Только в бурях, только в опасностях пробуждался он от дремоты, схватывал трубу и грозным словом своим укрощал злобу стихий. Но с бурею утихал он сам и снова падал в досадное равнодушие ко всему, кроме предмета своей страсти.

Нил Павлович сперва лишь качал головою; потом стал пожимать плечами, а наконец без шуток начал журить Правина за его небрежение к службе.

– Я предсказывал тебе, – говорил он не раз, – что, кто начнет кривить против долга честного человека, против связей общества, тот, конечно, не минует забвения обязанностей службы. Полно ребячиться, Илья: твоя связь не доведет тебя до добра; ты можешь в эту игру проиграть здоровье и доброе имя, – кто знает, может быть самую жизнь; а что всего хуже, ты погубишь с собой и княгиню… это прелестное создание, которое стоит лучшего света и чистейшей судьбы. Грешно человеку с душою вербовать ее в дружину падших ангелов.

Правин сперва оправдывался – ссылался на пример других, на силу своей страсти. Потом он отыгрывался шутками, наконец стал молчать и сердиться. Советы друга ему наскучили, выговоры его досаждали ему. Не желание блага, а тщеславие своего превосходства находил он в прямизне Какорина. Его строгость называл он бесчувственностию, его неуклончивость – гордостью. Такова бывает участь всех тех, которые не поблажают нашим слабостям, которые дают лекарство, не обмазав медом края стакана. Мы терпеть не можем людей, которые угадывают наши тайные помыслы и дают им клички по шерсти; – для нас обидно, когда собственная совесть заговорит чужими устами. Кстати ли послушаться кого-нибудь! Да что я за ребенок? Да я разве пе знаю, что делаю? У каждого свой ум-царь в голове! Я не люблю плясать по чужой дудке… Самолюбие засыплет подобными пословицами, как Санхо Панса, уколи его хоть булавкою. Холодность и принуждение разрознили старых друзей. Правин забыл, что с Нилом Павловичем делил он и детские забавы и опасности мужества; что его попечениям обязан был если не жизншо, то здоровьем, ибо, жестоко раненный под Наварином, за что произвели его после в капитан-лейтенанты, он целый месяц не мог двинуться, и Нил Павлович во все время его выздоровления не спал ночей, предупреждая все его желания и нужды, снося его причуды.

О! любовь – эгоистическое растение… Оно скоро разрастается по сердцу и скоро выживает вон все другие чувства!

Между тем, несмотря на бури, несмотря на ветры, несмотря на умышленные замедления ходу от капитана, давно остались назади дебристые острова и гранитные скалы Финляндии, рыцарский Ревель, коего шпицы и башни вонзаются в небо, словно копья великанов, и другой страж, противоставший ему с берега Швеции, – Свеаборг, опоясанный тремя ярусами батарей. Побывав в Копенгагене, пролетев Зунд, оставя Гельсинор за собою, фрегат миновал грозные утесы Дернеуса, крайнего мыса печальной Норвегии, и вошел в Немецкое море. Наконец Норд-форландский маяк, как звезда Венеры, блеснул ночью над зыбями… «Англия!» – радостно закричал матрос с форсалинга[232]; по этот блеск, этот звук зловеще поразили чувство обоих любовников… они сказали им близкую разлуку!

Князя Петра уговорили выйти на берег в Плимуте. Фрегату способнее было там освежиться, чтобы оттоль прямо спуститься в океан. А князю из Плимута до Лондона предстояло любопытное путешествие, избавлявшее его от лишних хлопот нарочно ездить посмотреть Англию и возвращаться обратно. Итак, фрегат несся по Ла-маншскому каналу, ловя, так сказать, лишь пену видов Англии и Франции. Кале и Дувр мелькнули как сон; скрылся и Спитгид, подобный вдали дикобразу от множества мачт, и Байт

---

[232] Верхний перекресток веревок на передней мачте. (Примеч. автора.)

– изумрудный перстень Англии. Берега Пертшира бежали, и, наконец, завиднелся Эддистонский маяк[233], истинный геркулесов столб, вонзенный рукою человека в подводную скалу. Величавый памятник воли – не той тиранской воли, которая воздвигла бесполезные пирамиды в бесплодных песках Египта, но воли благотворной, хранительной, которая зажигает для пловцов новые звезды, чтобы они, подобно оку провидения, неусыпно стерегли и блюли от гибели тысячи кораблей. Вправо открылся Плимут, славный своим портом, который защищен недавно великанским волнорезом (breakwater) от бурь океана. Англичане велики в полезном.

Но чудесность этого волнореза, но богатство города, но прелесть окрестностей и новость предметов не утешали любовников, которым каждый дом, каждый шаг на земле напоминал: вам должно расстаться! И, наконец, час разлуки пробил. И, наконец, должно было сказать: прощайте – слово – задаток терзаний разлуки; слово, которое, как железный гвоздь, вытягивается в бесконечную проволоку, в струну, из которой каждый новев ветра извлекать будет звуки печали. Должно было проститься, и проститься не так, как любовникам, как супругам, на груди друг друга, растворяя горесть слезами, иссушая слезы лобзаниями, – нет! должно было проститься поклоном, при опасном свидетеле, задавить слезу улыбкою, задушить вздохи приветами, желать счастья, нося ад в груди своей. И этот ад всегда удел тех, которые закладывают душу свою за чужое счастье, которые украдкою рвут плоды Эдема. Настоящий владетель снимает с них счастье, как праздничный кафтан с своего раба, и он не смеет молвить слова. Он прячет в сердце и поминку о том, будто краденую вещь; он краснеет благороднейшего чувства, как низкого поступка. Правин не помнил, как оп вышел из комнат князя Петра. Он очнулся уже на фрегате, при клике боцмана: «якорь встал!», которому отвечало громкое ура шпилевых[234]. В руке его замерла карточка, всунутая в его руку княгиней Верою при расставанье. Но прежде чем прочесть ее – он прильнул к ней устами.

---

[233] Эддистонский маяк – маяк, сооруженный в 1697 г. на скале в проливе Ла-Манш.
[234] То есть матросов, вывертывающих воротом якорь. (Примеч. автора.)

VI

Sic volo, sic jubeo, – sta pro ratione voluntast[235],[236]

Iuvenal

Тихо катился фрегат «Надежда» вдоль берегов Девоншира. Колокольни Плимута и лес мачт его гавани врастали в воды. Живописные местечки, цветущие деревни являлись и убегали, точно в стекле косморамы... Даль задергивала предметы своею синевою. Свежестью осеннею дышала земля; мирно было все в небе и на море; но вдали серые облака заволокли кругом горизонт, широкая зыбь грозно катилась в пролив, и западные склоны ее волн, встающие все круче и круче, предсказывали крепкий ветер с океана.

Вечерело. Нил Павлович, ворча что-то про себя, с заботливым видом поглядывал на туманное небо и на тусклое море, – он стоял на вахте.

– Не прикажете ли, капитан, убрать наши чепчики, то есть брамсели[237], разумею я, а вслед за ними и брам-стеньги? – спросил он Правина.

– Прикажите, – отвечал тот равнодушно. – Хоть я не вижу в этом большой нужды; посмотрите-ка: паруса наши чуть не левентих[238].

– Конечно так, – возразил Нил Павлович, немного уколотый таким замечанием. – Теперь пузо[239] наших парусов как передник десятилетней девочки; зато взгляните, как надуло свое море! Эдакая прожора! эдакой Фальстаф[240] земного шара! Оно готово скушать и нас без перцу и лимонного соку! Прислушайтесь, как стало оно ворчать и разевать пасть свою!.. Нет, погоди ты, морская собака; мы еще не довольно грешны, чтобы познакомиться с твоею утробою, не исповедавшись на Афонской

---

[235] Эпиграф взят из шестой сатиры Ювенала. У Ювенала эта строка читается так: «Hoc volo, sicjubeo, sit pro ratione voluntas».

[236] Так я хочу, так я приказываю, – да будет воля моим доводом! Ювенал (лат.)

[237] Брамсель – парус третьего яруса. Брам-стеньга – третье колено составной мачты.

[238] То есть полощутся, висят не надувшись. (Примеч. автора.)

[239] Техническое выражение, округлость паруса. (Примеч. автора.)

[240] Фальстаф – герой комедии В. Шекспира «Виндзорские кумушки» (1598), а также его хроники «Генрих IV» (1597—1598).

горе[241]. Не придержать ли, капитан, круче к ветру, чтобы до ночи удалиться от берегов?

– Нет, Нил Павлович, мы спустимся в океан не ранее, как обогнувши мыс Лизард, чтобы, забравшись выше, далеко миновать бурливую Бискайскую бухту. До той поры держаться надо параллельно берегу.

– Чтоб не прижало нас волнением к бурунам... Каменный утес – плохой сосед деревянному боку.

– Кажется, Нил Павлович не перешел еще меридиана жизни, за которым и самую робость величают осторожностию.

– Одной осторожностью больше – одним раскаянием менее, капитан!

– Риск – дело благородное, Нил Павлович! Не с вами ли ходили мы на гнилом решете между ледяных гор Южного океана, – и боялись ли тогда идти все вперед да вперед? Бывало, сменившись с вахты, чуть заснешь – смотришь, выбросило из койки, а сквозь пазы хоть звезды считай. Что такое? Стукнулись о льдину... течь заливает трюм, качка тронула из гнезда мачту! Да тонем, что ли? «Нет еще», – отвечают сверху. И мы засыпали опять богатырским сном.

– Это правда, капитан: мы засыпали, но это было оттого, что вы не были командиром судна, а я первым лейтенантом, как теперь. На нас не лежал ответ даже за свои души, нам с полгоря было тогда тонуть, не раскрыв даже одеяла, боясь простуды. Теперь иное дело: от нас бог и государь требуют сохранения корабля и людей.

Капитан не слыхал окончания этой речи: он уже в глубокой думе стоял на подветренной сетке, устремив свои очи на волны.

Какое странное действие производят они на воображение тронутого человека. Игра их отражается в нем будто в зеркале. Самые мечты его колышутся, возникают, опадают в нем вещественно и, не образуясь ни во что определенное, сливаются с морем, не оставя по себе следа. Так было и с Правиным. Любовь его была глубока как море, кипуча как море, сердце его было на время оглушено разлукою, и оно очнулось лишь тут; оно пробудилось, как младенец, подкинутый безжалостною матерью к чужим воротам зимою, – и первый звук, из него вырвавшийся, был болезненный крик отчаяния. Нерассветающий мрак, убийственный холод – вот что отныне будет его тюрьмою и пыткою. Люди не сохранят для него в гостинец ни одной радости. Уединение не даст ни одной светлой мысли. Опустошает, как Тимур-Ленг[242], душу разлука, душу человека, одаренного мыслию и чувством! Он отчуждил ее, он перелил ее в бытие милой, он

---

[241] Афонская гора – полуостров на Эгейском море, который известен своими монастырями.

[242] Тимур-Ленг – Тамерлан.

сплавил свои мысли с ее мыслями, свои чувства с ее чувствами. Как чудные близнецы, сердца их срослись в одно целое, – и вдруг это целое разорвано, разбито, разброшено судьбою. Такой человек теряет вдруг все, потому что он все отдал; он не верит надежде, потому что забрал слишком много у прошлого, потому что он в часах истратил годы счастия. Лишь одно воспоминание вползает в развалины, как змея. О воспоминание! ты льешься тогда горючими слезами из очей, каплешь кровью из сердца. Разлука встает между любящимися, будто ледяная стена, и на ней, словно в волшебном фонаре, изображается в тысяче видах все былое. Вторится каждая прелесть, каждое слово неги и нежности! Чародей, она воскрешает ласки, уносившие нас до восторга, утоплявшие нас в небесном самозабвении, зажигает вновь взоры и поцелуи, и когда на устах разгорается жажда лобзаний, когда кровь пышет, когда сердце рвется слиться с другим в пламени взаимности, – рука, и уста, и сердце встречают лед и мечта тонет в мерзлой реке, подобно голубку, опаленному пожаром. Тогда, о, тогда невольно рождается вера в злое начало, в самовластие Аримана[243], в силу ангела тьмы! Кажется, чувствуешь тогда его мертвящее дыхание, видишь во тьме его злобные очи, внемлешь его адский смех за собою.

Мрачней, все мрачней становилось море, и с ним заодно чернели думы Правина. Грудь его вздымалась тяжело, будто свинцовые валы обливали ее своею тяжестию, будто лежала на ней колоссальная рука судьбы. Он смотрел на полет чаек: они одна по одной отставали от фрегата и с жалобным криком исчезали в туманном небе.

«С вами, – думал он, – улетают мои последние радости, и когда Англия, эта раковина, хранящая жемчужину моей души, исчезнет из глаз моих, не все ли равно, что я схороню ее в океане… Когда случай сведет нас? где могу я встретить ее? А между тем я, бедный скиталец, останусь над бездною один-одинок!»

Как обыкновенно звучат эти слова! Раскройте словарь, и вы с трудом их отыщете на странице. Как грамматическое орудие, они ничем не отличны от своих собратий; но как выражение мысли, как символ чувства, как след дела – я никогда не могу прочесть или услышать их, чтобы сердце мое не сжалось. Один бог может быть одинок без скуки, ибо в лоне его движется все. Только бог может быть один без сожаления, потому что нет ему равного.

Предвещания, предчувствия теснились в сердце Правина: сильные страсти нас делают суеверными. Но к ним прививалась и ревность, которой не мог отрицать ничей разум.

---

[243] Ариман – древнеперсидское божество, олицетворяющее злое начало.

«Она будет в Лондоне и в Париже, – думал он, – и кто порука, что в вихре рассеянности она не забудет меня! Притом, устоит ли она противу обольщения, вооруженного всеми прелестями дарований, ума, славы, красоты, моды? устоит ли против собственного тщеславия? И я, неопытный, ни разу не дерзнул ей напомнить о верности, связать ее клятвою! О, как бы я желал еще хоть час побыть с нею, услышать ее обет верной, вечной любви, умолить хоть из жалости не изменять мне и, если суждено нам судьбою не видаться более, проститься с ней не равнодушным знакомцем, как это было в Плимуте, но страстным любовником, наедине, слить наши слезы и пламенным поцелуем запечатлеть пламенную любовь!»

Он вынул из кармана последние слова княгини, написанные карандашом на обороте карточки адреса лучшего трактира в местечке... (мы назовем его Ляйт-Боруг), куда сбиралась ехать сегодня же княгиня, отдохнуть вдалеке от шуму и пыли, покуда сошьют ей в Плимуте английский костюм. Ей так расхвалили здоровое местоположение и живописные окрестности этого Ляйт-Боруга... ей так необходимо поправить свою слабую грудь после морского путешествия. Князь приедет за нею дня через три, и вместе отправятся в Лондон; и теперь княгиня должна быть уже там, и его фрегат против самого Ляйт-Боруга, и до берегу не более двух миль! Все это пришло вдруг на память Правина. Он несколько раз поворачивал карточку, и каждое слово ее казалось теперь ему чертами света, – они загорались подобно электрическому фейерверку от прикосновения проводника. Недоконченная речь: «Ангел мой, я твоя...» принимала тысячу разных смыслов, и все они сходились к одному: свиданье или смерть! Для чего ж иного она хотела ехать в Ляйт-Боруг? Для чего иного написала свое таинственное посланье на карточке адреса?..

«Свиданье или смерть!» – молвил себе Правин.

– Нил Павлович! – сказал он, быстро обернувшись к лейтенанту, – прикажите спустить с боканцев мою десятку: я еду на берег!

– На берег? вы, капитан, едете на берег? – с изумлением спросил Нил Павлович. – Этого быть не может.

Правин важно посмотрел на лейтенанта.;. – Желал бы я знать, почему не может этого быть? – с иронией возразил он.

– Потому, что не должно, капитан!

– Нил Павлович будет, конечно, так добр, что растолкует, почему это?

– Я думаю, вы лучше всех знаете, капитан, что, глядя на вечер, опасно пускаться в прибой для шлюпки; еще опаснее ложиться в дрейф для фрегата, когда буря на носу. Притом это напрасно замедлит путь.

– Оставьте мне знать, что напрасно и что надобно. Я так хочу – и оно так будет. Прикажите сейчас спустить шлюпку!

Нил Павлович поздно заметил, что он ошибся в расчете, обращаясь к Правину как к начальнику и между тем противореча как другу, вместо того чтобы обратиться к другу и уговорить капитана.

– Ты сердишься, Илья? – сказал он, подошедши к нему ближе, – и, право, напрасно. Посмотри на небо и на море: они хмурятся на нас, будто судья на уголовного преступника. Не покидай же фрегата в такую пору: не клади на себя упрека, что ты уехал от опасности!

– Я, я, бегу от опасности? Послушай, Нил… на свете не было другого, кроме тебя, кто бы осмелился мне сказать это; и нет никого, кто бы сказал это дважды. Я довольно жил и служил, чтобы меня не подозревали в трусости!

– Илья, Илья! прочь от меня укор в подобном сомнении. Не отвага, а благоразумие тебе изменяет. Не в трусости, а в безрассудстве станут обвинять тебя, если ты поедешь… Ну, чего боже сохрани, если без тебя что случится!..

– Кажется, Нил Павлович боится ответственности, когда останется старшим.

– Не ответственности, но вреда судну и людям боюсь я. Неплохой я моряк, Илья Петрович, ты знаешь это; зато я сам знаю, что ты моряк лучше меня. Лежать в дрейфе, дожидаясь тебя в бурную ночь вблизи камней, – право, не находка. Друг, Илья! отложи свое намерение, – взяв его за руку, с чувством продолжал Нил Павлович, – волнение развело огромное – видишь, как сильно поддало!

В самом деле, вал расшибся о скулу фрегата и через сетку окропил брызгами обоих друзей. Фрегат вздрогнул, но сердце капитана осталось спокойно, – ему ничто не казалось зловещим. Любовь ослепляет самый опыт и дает какую-то темную веру, что природа может иногда изменять свои законы для любовников. Правин отряхнул брызги и тихо отвел руку Нила Павловича.

– Пустые страхи! – произнес оп. – Еду, хочу ехать!..

– Твоя воля мне закон, но воля, а не прихоть. Не сердись, что я круто говорю тебе правду, я не придворный. Будь муж, Илья! Ты уж и то много потерял во мнении товарищей через свою предосудительную связь; ну да прошлое прошло, бог с ним! Распростились – баста! Нет, так давай еще амуриться. Сам посуди: стоит ли рисковать царским фрегатом и жизнью этих добрых людей, даже собственною славою, Для масленых губок твоей беспутной княгини?

Капитан вспыхнул.

– Прошу вас, г. лейтенант, быть не очень тароватым[244] на осужденье особ, которых вы хорошо не знаете. Вместо того чтобы разбирать поведение вашего капитана, лучше бы вам исполнять его приказания.

– А! – молвил тогда обиженный в свою очередь Нил Павлович, отступая и возвыся голос. – Вам угодно говорить мне как начальник подчиненному? Так позвольте мне, в лице вахтенного лейтенанта, заметить вам, капитан, что вам неприлично отлучаться со вверенного вам фрегата перед бурею, зная, что этим вы подвергнете его неминуемой опасности.

Нил Павлович брызнул маслом на огонь.

– Вы, сударь, не судья мне! Прикажите, сударь, спустить шлюпку, говорю я вам! – вскричал Правин в запальчивости. – Не заставьте меня самого приказывать. Знайте, что если вы меня выведете из терпения, я могу забыть и прежнюю дружбу и долгую службу нашу вместе.

– Мне кажется, капитан, вы уже забываете ее, оставляя свой пост. Я гласно протестую против вашего отъезда и прошу записать мое мнение в журнал.

– Г-н штурман! – гневно воскликнул капитан, – запишите в журнал слова г-на лейтенанта Какорина и прибавьте к этому, что он арестован мною за ослушание. Отдайте, милостивый государь, ваш рупор лейтенанту Стрелкину и не выходите из вашей каюты. Шлюпку!

– Пусть нас судит бог и государь! – горестно сказал Нил Павлович, уходя. – Но вспомните мои слова, капитан… вы дорогою ценою купите горькое раскаяние!

Капитан корабля, беспрестанно находясь на службе и вблизи своих офицеров, поневоле облекается недоступностию, чтобы подчиненность не исчезла от частого товарищества. Правин, как и всякий другой, скоро привык к безусловному повиновению, а тут Нил Павлович, не умея взяться за дело, раздражил вдруг и страсть и гордость Правина будто нарочно. Затронутый за живое, он счел обязанностью сделать наперекор своему другу.

Отдав все нужные приказания молодому лейтенанту, Правин спрыгнул в катер. Десять лихих гребцов ударили в весла и скоро, выбравшись на ветер, поставили паруса. Катер покатился с волны на волну, между тем как седая пена забрасывала мгновенный след его, будто ревнуя, что утлая ладья презирает ярость могучей влаги.

---

[244] Тароватый – здесь: щедрый.

VII

И в думе нет, что наслажденье – прах,
Что случая крыло его уносит,
Что каждый маятника взмах
Цветы минутной жизни косит.

А. В.

Свечи догорали в комнате княгини Веры, в гостинице Ляйт-Боруга. Било три часа за полночь, и счастливец Правин вырвался из объятий своей страстной и прекрасной любовницы.

– Возможно ли! – сказал он, – уже близко утро, целая ночь испарилась, как поцелуй!

С диким восклицанием поднялась с дивана княгиня, глаза ее впились в Правина...

– О, не говори мне об утре, не напоминай о разлуке: я не пущу тебя... ты сам не покинешь меня... не правда ли? – продолжала она с ребяческою нежностию, привлекая его на свою грудь. – Мой Илья не будет так жесток – он не предаст меня отчаянию, я не отдам тебя морю!.. Слышишь, как сечет ливень в окна, как завывает буря!..

Правин в половине поцелуя оторвал уста от коралловых уст княгини и заботливо прислушивался к шуму сражающихся стихий. Мысль о шторме, о бедствии, в котором мог быть его фрегат, прожгла его мозг. Страшно было видеть его побледневшее лицо подле томного лица княгини, подернутого прозрачным румянцем неги... Вера была тогда прелестна, как страстное желание поэта, в котором более неба, чем земли; Правин со своими мутными очами походил на раскаяние, пробужденное страхом.

– Спасите! – вскричал он, наконец, безумно, – фрегат мой тонет... Слышите ль выстрел, еще выстрел, еще?..

Буря будто притихла с усталости... какой-то гул замирал вдали, под скалой зверем ревело море... но кругом все было тихо, до того тихо, что слышно было падение капель с кровли и бой испуганного сердца княгини.

– Нет, мой бесценный, ты ошибся – то были удары грома. Может ли быть несчастлив кто-нибудь в то время, когда мы так счастливы!

Правин с какою-то неистовою негою упал в объятия Веры.

– Ты моя! Вера моя! Что ж мне нужды до всего остального, – пускай гибнут люди, пускай весь свет разлетится вдребезги! Я подыму тебя над обломками, и последний вздох мой разрешится поцелуем!.. О, как пылки, как жгучи твои уста в эту минуту, очаровательница!.. Знаешь ли, – промолвил он тише, сверкая и вращая очами как опьянелый, – ты должна любить меня, уважать меня, поклоняться мне более чем когда-нибудь… Знаешь ли, что я богаче теперь Ротшильда, самовластнее английского короля, что я облечен в гибельную силу, как судьба? Да, я могу сорить головами людей по своей прихоти и за каждый твой поцелуй платить сотнею жизней – не жизнию врагов, о нет! Это может всякий разбойник. Это слишком обыкновенно… Нет, говорю тебе, я бросаю на ветер жизнь моих любимых товарищей, моих друзей и братьев, а за них во всякое другое время готов бы я источить кровь по капле, изрезать сердце в лоскутки!

Трепеща, внимала княгиня этим несвязным речам, не вполне понимая их.

– Ты меня ужасаешь, милый! – говорила она. – Илья! ты уморишь меня со страха!

– Умереть? кто говорит умереть – вздор! Теперь-то и надо нам жить, потому что одна любовь стоит назваться жизнию; ты сама прелестна как жизнь, Вера! – произнес он, обтекая ее взорами, пожирая лобзаниями, – Ты божественна как смерть, потому что заставляешь забывать все, потому что заключаешь в себе рай и ад. Помнишь ли обет мой отдать тебе и за тебя душу! Вот она! вот она вся… Я не продавал ее по мелочи за ничтожные радости, не променивал ее на золото. Девственну и чисту сохранил я ее до сих пор – и теперь бросаю ее к ногам твоим, как разорванный вексель. Дорого, о, невообразимо дорого ты мне стоишь, милая! но я не раскаиваюсь, я заплачен выше цены.

С каким-то судорожным восторгом он притиснул к своей груди княгиню; та робко отвечала на его ласки. Со своими воздушными формами она казалась с неба похищенною пери на коленях сурового дива[245]; и, наконец, уступая оба неодолимому очарованию страсти, они слились устами, будто выпивая друг из друга жизнь и Душу.

Часы могли бить, петух петь, не возбуждая любовников из упоительного забытья; но они пробудились не сами. Страшный, как труба, пронзающая могилы и рассеивающая льстивые грезы грешников, раздался над ними голос… Сердца их вздрогнули – перед ними стоял князь Петр***!

---

[245] ..похищенною пери на коленях сурового дива… – Пери – в персидской мифологии добрая фея, охраняющая людей от «злых духов»; див – чудовище, злой дух.

... Она вырвала пистолет из руки Правина и почти без чувств прильнула к его плечу. Он бережно опустил ее на кресла и, потупив очи, но подняв брови, обратился к обиженному супругу.

– Час и место, князь! Я знаю важность моей вины, знаю требования чести...

Физиономия и осанка князя, весьма обыкновенные, одушевились в то время каким-то необычайным благородством. Ничто так не возвышает язык и движения человека, как негодование.

– Требования чести, м. г.? – отвечал он гордо, – и вы говорите мне о чести в спальне моей жены? Вы, которого я принял к себе в дом как друга, которому доверился как брату, и вы обольстили мою жену – эту женщину, хотел я сказать, – запятнали доброе имя, пустили позор на два семейства, отняли у меня дом и лучшую отраду мою – любовь супруги, вы, сударь, одним словом, похитили честь мою и думаете загладить все это пистолетным выстрелом, прибавя убийство к разврату? Послушайте, г-н Правин: я сам служил моему государю в поле, и служил с честью. Я не трус, м. г., но я не буду с вами стреляться; не буду потому, что нахожу вас недостойным этого. Не буду потому, что не хочу вовсе бесславить ни себя, ни жены моей. Пусть это происшествие умрет между нами, но между мной и ею с этих пор не будет менее ста верст. Чужая любовница не назовется с этих пор моею женою. Мы разъезжаемся, и навек! Она богата – стало быть, найдет и утешенье и утешителей. Это мое неизменное слово, это святая клятва моя. Для света можно сказать, будто мы поссорились за пелеринку, за модное кольцо – за что угодно. Вот все, что я имею сказать вам, только вам, сударь! Эта неблагодарная женщина не услышит от меня ни одного упрека; она не стоит не только сожаления – даже презрения. Я добр, я был слишком добр, но я не из тех добряков, которые терпят добровольно. С вами я надеюсь встречаться как можно реже, с нею – никогда! Я еду в Лондон; я оставляю вас наедине с этою бессовестною женщиною и с вашею совестью и уверен, что вы не будете долго ссориться все трое!

Обиженный супруг закрыл глаза руками, но крупные слезы прокрадывались из-под них... Он медленно отворотился... Он вышел.

Княгиня рыдала без слез, на коленях, склоня голову на подушку дивана. Правин стоял в каком-то онемении, сложа на груди руки; он не мог ничего сказать на отпор князю, потому что внутренний голос обвинял его громче обвинителя; он не мог промолвить никакого утешения княгине, для того что не имел его сам. Эгоизм страсти предстал перед него тогда во всей наготе, в своем зверином безобразии! «Ты, ты, – вопияла в нем совесть, – разбил этот драгоценный сосуд, бросил в огонь эту мирру[246], для того чтоб одну минуту насладиться благоуханием. Ты знал, что в ней заключен был талисман счастия, завет неумолимой судьбы, слава и жизнь твоей милой, знал – и дерзко изломал печать, как ребенок ломает свою игрушку, чтобы заглянуть внутрь ее. Взгляни же теперь на душу Веры, тобою разрушенную, полюбуйся на сердце ее, которое ты вырвал и бросил в добычу раскаянию, на ум, ко —, торый с этих пор будет гнездом черных мыслей, укорительных видений, – и для чего, для кого все это?.. Не лицемерь, не прячься за отговорки: все это было для себя, для собственной забавы; ты не боролся с своею страстью, не бежал от искушения, не принес себя в жертву, – нет, ты, как языческий жрец, зарезал жертву во имя истукана любви – и сам пожрал ее. В какой свет, в какое общество сбросил ты княгиню? Отныне в каждом поклоне будет она видеть обиду, в каждой улыбке – насмешку, в родном поцелуе – лобзанье Иудино[247]; везде будут казаться ей качание головою, и перемигивание, и лукавый шепот; самый невинный разговор будет колоть ее шипами, самую дружескую откровенность вообразит она вызнаваньем, вся жизнь ее будет горечь сомнения, и подавленные вздохи, и слезы, снедаемые сердцем!..»

Да, ужасное похмелье дает нам упоение страстями! Изможденные телом и духом, мы пробуждаемся перед судом для того, чтоб услышать приговор неумытных окюри[248], которые из глубины души произносят страшное guilty – виновен!

Правин отвел очи от княгини. Уже светало, и взоры его сквозь чистое окно упали на беспредельное море. Оно было мрачно и пусто, подобно его душе. Огромные валы, словно стада китов, рыскали и плескались в пространстве, и вдруг между ними мелькнул корабль, – только образы его во мраке и тумане были так неясны, что суеверный моряк сказал бы: «это корабль-привидение, осужденный вечно скитаться по океанам с проклятыми своими пловцами». С тяжким биением сердца, не переводя духу, следил его Правин, но корабль, одетый сумраком, исчезал, и снова обозначался, и снова сливался, как облако с облаками. Буря уменьшилась, но черные тучи ходили еще по небосклону взад и вперед, как победители, которые считают трупы убитых.

Наконец заря облила воздушною кровью и тучи и волны с востока; туманы и сомнения Правина рассеялись. Замеченное им судно было точно фрегат «Надежда», но в самом бедственном положении, без стеньг, с изломанной фок-мачтой и бушпритом, с искривленными реями. Два или

---

[246] Мирра – благоуханная смола.
[247] Лобзанье Иудино – «иудин поцелуй», выражение из евангельской легенды о предательстве одного из учеников Иисуса – Иуды.
[248] Приговор неумытых окюри – справедливых, неподкупных.

три стакселя[249], поднятые вполовину, казались последними усилиями борьбы с судьбою, влекущей его на скалы. О, велик бы был тот сердцеведец, кто физиологически разложил бы тогдашнее восклицание Правина: «и это!», кто рассказал бы нам едкость отравы, проникнувшей его сердце, или степень мук от угрызения совести!

Лесажев бес снимал кровли, но если б он снял череп о головы Правина и заглянул в ум его, он бы содрогнулся от ужаса и адский даже язык прильнул бы к гортани.

Стиснув рукою чело, как будто от страха, чтобы голову его не расторг вихорь мыслей, с кровавыми пятнами по лицу, с очами, кои, подобно маятнику, ходили от фрегата к княгине, от моря к любовнице, Правин был живой образ казни между двух жертв, между двух преступлений: против нравственности и службы.

Наконец долг победил страсть. Правин горячо поцеловал в лоб княгиню и произнес:

– Вера, прости меня – и прощай!! Нам должно расстаться: фрегат бедствует!

Львицей, у которой уносят последнего детенка, вскочила Вера.

– Бедствует, фрегат твой бедствует!.. И ты, злобный человек, можешь говорить мне об этом, будто я на розах, будто сама я не бедствую! Ты жалеешь дерево, жалеешь чугун и безжалостен к сердцу, тебе отданному, тобой разбитому; бросаешь меня на съеденье отчаянию. Для тебя я забыла все, отдала все, – и ты все это забываешь! Нет! Ты мой, мой навечно: я купила тебя, я выменяла тебя на мое счастие здесь, на рай мой там! Не правда ли, ангел мой! ты мой? Ты не покинешь меня в таком положении: кроме тебя, у меня нет покровителя. За час перед этим я имела имя, отечество, семью, друзей, – ты оборвал с меня все это, как эти цветы; как эти цветы, растоптал ты их пятою! И я не жалею о них, покуда ты со мной. Твое сердце мне будет родина, твои объятия – родные, твои речи – подруга мои; ты будешь свет мой, мир мой... О, не покидай же меня, не убивай меня!!

И она нежно обвивала Правина своими прозрачными руками; и она обольстительно шептала ему несвязные речи. Но мужчина может забыться – не забыть беды, его окружающие, и в то время, когда женщина множит любовь своими пожертвованиями, своим несчастием, когда она в целом мире не думает ни о чем, кроме любви, мужчина самою жестокостию бед возбуждается из душевного расслабления – ои уже ищет, как бы поправить дело.

---

[249] Косые паруса. (Примеч. автора.)

– Душа моя, душа моей души, прошлое невозвратно, но подумай о будущем!.. Его еще можно заставить служить нам. Я съезжу на фрегат, чтоб пособить повреждениям и не допустить до крушения. Ты теперь свободна – ты можешь ехать куда хочешь, – спеши в Италию! Там я встречу тебя в каком-нибудь приморском городе, в одном или в каждом из портов Средиземного моря. Позволь же мне отлучиться: это необходимо для спасения обломков моей чести, для спасения, может быть, пятисот моих товарищей. Честное слово тебе даю, что завтра вечером я буду в твоих объятиях... Посмотри, буря утихает!..

Долго и пристально смотрела княгиня в глаза Правина.

– Ты меня не обманываешь, – с тяжким вздохом сказала она, – но разве не может обмануть нас судьба!.. О, не езди, мой милый... мне что-то говорит, что мы не свидимся более... по крайней мере не говори мне прощай! – мне ненавистно это слово. В твои руки, Илья, отдаю я свое сердце, – примолвила она, залившись слезами, – в руку бога поручаю твое.

Она упала на колени перед окном, будто умоляя свирепое море пощадить ее друга; потом очи ее слились с небом – она молилась, горячо молилась; и кто бы не сказал, видя это прелестное лицо, дышащее чистою верою, орошенное слезами умиления, что ангел молит небеса о спасении грешника. Она обратилась к Правину. с улыбкою грусти, с простертыми устами, чтобы встретить его прощальное лобзанье, проводила его взорами и упала без чувства на холодный пол гостиницы.

– Ребята! – крикнул капитан своим гребцам, лежащим подле вытащенной на берег шлюпки, – мне непременно должно быть на фрегате, – если умирать, так умирать вместе с товарищами! Едем!

– Рады стараться! – закричали в один голос удалые гребцы. Они привыкли каждое желание капитана считать святым, каждое слово правдивым и разом сдернули десятку на воду.

Но не так легко было выбраться из бухты. Шумные буруны ходили стенами и отбрасывали назад катер. Четыре раза, разгребая в упор, силились гребцы переметнуться за спорный вал – и четыре раза, черпая носом воду, уступали ярости удара. Утроив силы, улучив способный миг, удалось, наконец, им выбраться в море, но море еще кипело и бушевало, раскачанное ночною бурею. Валы сливались в огромную зыбь: вставали и падали неправильными рядами и, взбрасывая катер как щепку, грозили залить или поглотить его. Ветер бил на берег, и потому пришлось идти на гребле. Волнение выбивало из уключин весла, два человека беспрестанно отливали воду: в катер поддавало со всех сторон.

На руле сидел заслуженный урядник, который свыкся с бурями и опасностями как с лишнею чаркою водки, для которого, по собственному его выражению, море было масленица, а девятый вал – милее девятого блина. Он прехладнокровно глядел то на свой нос, то на нос катера, наблюдая, чтобы он пе рыскал. Казалось, все, что совершалось кругом его, было ему совершенно чуждо. Всегдашний спутник поездок капитанских, он уже ознакомился с его нравом и знал, когда можно было молвить ему словцо-другое.

– Смею спросить, Илья Петрович, – сказал он капитану вполголоса, – сны иногда бывают, то есть, от бога?

– Случается, – отвечал рассеянно Правин.

– Я чай, что от бога, ваше высокоблагородие! Да и как залезть лукавому в христианскую голову, когда на ночь перекрестишь лоб. Я вчерась, то есть, кажись, положил крест даже на изголовье; с крестом, изволите видеть, ваше высокоблагородие, мягко спать и на камне, а все-таки привиделся мне чудный сон… Грянь, други, грянь – проводи дальше весла!.. И такой сон, то есть, что ума-разума не приложу разгадать его… Ну, девятый прокатился! Виделось мне, будто у нас на «Надежде» смотр не смотр, праздник не праздник, только народу кишмя кишит: генералов, адмиралов, штабства – видимо-невидимо. И все словно наяву пьют и закусывают; только все молчок; такая тишь, что муху бы услышал. И вот, то есть, будто кто-то крикнул: «Смирно!» Команда наша выстроилась на шканцах, глядим, гости потянулись мимо нас, а сами заглядывают в глаза. И шли будто, шли – конца не видать. Вдруг, то есть, откуда пи возьмись, и ваше высокоблагородие – в полном мундире, только через плечо вместо ленты красный флаг: не ведь гюйс[250], не ведь какой сигнальный. А идете будто вы под ручку с какой-то барынею – лицо открыто, а лица не видать!.. Ну, други, ну, навались! что зазевались на зайчиков! И вот остановились будто вы, Илья Петрович, как теперь гляжу, передо мною. «Выйди вперед, Гребнев! – сказали мне и положили руку на мое плечо, да и молвите барыне: – Я и его беру с собою, он довольно послужил, надо успокоить его старые кости!» То есть, видно, в отставку выйдете, да и меня, старика, в дворецкие возьмете, – буду я себе в ту пору посвистывать в ключ вместо этого свистка. Ну, да не о том речь, в. в – е! Глядь будто я на себя, да так и сгорел – на мне вместо куртки белая рубашка! Просыпаюсь, а сердце будто вырваться хочет, – насилу открестился. Что бы это значило, в. в.?

Правин невольно впал в глубокую думу. Смутная мысль о смерти пала на душу впервые, и в этот раз она ничего пе имела в себе отрадного.

---

[250] Гюйс – морской флаг, поднимаемый только во время стоянки корабля и при убранных парусах.

Умереть, утонуть, не помирившись с совестью добрыми делами, не выкупив у прошлого проступков своих блестящими поступками!.. Он вспомнил, что тонкая дощечка отделяла его от влажной могилы, – и содрогнулся он и обозрелся кругом: море крутилось страшно; фрегат был близок, но зыбь валяла его с боку на бок так сильно, что медная обшивка обнажалась до киля, сверкая будто броня великана; потом вал снова закрывал корпус, так что чуть виднелись снизу марсы. Полкабельтова, не больше, оставалось до борта, но борт был опаснее всякой скалы: прибой расшибался, воя, о ребра его и широкими всплесками грозил каждый миг валить и опрокинуть катер.

– Молись, Гребнев, Николаю Угоднику, – сказал капитан, ударив урядника по плечу, – молись: матросские молитвы до неба доходны. Если мы счастливо пристанем к борту, ты будешь нянчить внуков моих.

– Крюк! – закричал урядник; с борту кричали: «Лови, лови!» Роковая минута настала. Глаз капитана не обманулся в степени опасности: соп Гребнева упал в РУку…

VIII

К ночи того же дня ветер совершенно стих, море опало. Оно едва-едва дышало будто от усталости и что-то шептало, засыпая. Обломанный фрегат «Надежду» прибуксировали ближе к берегу, и он лежал уже на якоре. Работы на нем кипели; скрип блоков, треканье и удары мушкелей[251] раздавались повсюду. Ставили запасный рей вместо потерянной мачты, переменяли стеньги, такелаж; починивали изломанные сетки. Помпы хрипели, будто больной; палубы изображали прекрасный отрывок хаоса. Везде царствовала суета, но в ней не было души: матросы работали без песен, без сказок; тихо перемолвливались и печально качали головою; видно было, что свершилось какое-то важное несчастие.

– Что, нет надежды? – спросил один мичман лекаря Стеллинского, который вылезал из-под сукна, коим отделялся лазарет от палубы.

---

[251] Мушкель – деревянный молоток, применяемый при такелажных работах и конопатке деревянных судов.

— Никакой, — отвечал тот, — лекарства ему так же бесполезны теперь, как трубка табаку. Пусть подшкипер снимает с него мерку на саван.

— Жаль! Гребнев был лихой урядник. Ну, а из вчерашних, ушибленных сорвавшимся реем?

— Двое будут живы; остальные ж трое отправятся сквозь порт туда же, куда слетели семеро сверху.

— Худо, очень худо! Десять жертв с фрегата и шесть с капитанского катера — это не безделица! У меня душа замерла, когда со всего размаху ударился катер в борт, — только щепки брызнули! Одного гребца в моих глазах размозжило о руслени; другого прищемило днищем и расплющило как пуговицу. Ну, да это все не беда, лишь бы жив остался наш капитан; вы давею проведывали его, Стеллинский?

— С полчаса назад; он потерял много крови, — проклятый гвоздь с изломанной доски шлюпки глубоко вонзился ему менаду ребрами; я насилу мог остановить кровотечение. Однако теперь горячка стихла, и он вообще больше болен духом, чем телом: affection mentale[252]. Он, видите, нервозного сложения: на него крепко подействовало повреждение фрегата и гибель людей. Если бы нам, медикам, случалось приходить в отчаяние от ошибок, так пришлось бы задавиться турникетом[253] после первого дежурства в клинике.

— Слава богу, доктор, что добрые люди не вдруг привыкают к чужой гибели, притом, кроме худой славы перед своими и англичанами, не мудрено, что капитан наш поплатится за свою прогулку эполетами.

— Неужели ж его отдадут под суд за мачту?..

— Да, Стеллинский! Не дай бог попасться под военный суд: это хуже вашего консилиума, — и между тем это вероятпо. Государь, правда, лично знает Правина и после наваринского дела сам назначил его командиром фрегата; начальство уважает его, но сами вы знаете, что служба ни шутить, нп лицеприятничать не любит.

— Да, да! это будет невозвратная потеря для флота!

— Впрочем, делайте вы свое дело, а мы, офицеры, обработаем свое. Разве нельзя три четверти вины пустить на ветер? С бурями так же, как с вашими болезнями, все шито да крыто.

— Дай бог, дай бог!

Лекарь вошел в капитанскую каюту.

Кто бы узнал в этом бледном, изможденном страданиями теле вчерашнего Правина, цветущего здоровьем, кипящего надеждою? Расшибленная голова его была обвязана полотенцем, лицо мерцало

---

[252] Душевное расстройство (фр —)

[253] Турникет — хирургический инструмент для зажима кровеносных сосудов.

могильною белизною, зрачки не двигались в глазах, охваченных синим кругом, – они лишь расширялись и сжимались повременно. Подперши левою рукою голову, правой держал он за руку Нила Павловича, который сидел у него на кровати и с ним разговаривал. У обоих остатки слез дрожали на щеках.

– Нилушка! не оправдывай меня; отлив крови – прилив рассудка: я вижу теперь, что во всем виноват сам, – один я буду в ответе. Останься я на фрегате – все бы шло хорошо. Не арестуй я тебя, мы не потеряли бы ни одного лисель-спирта[254]. Не вини Стрельникова; он молодой офицер, он новичок-лейтенант, и если спустился под шквалом на фордевинд[255], не убравшись даже с ундерзейлями[256], – это оттого, что он никогда не бывал в подобных обстоятельствах…

– Впрочем, – сказал ласково Нил Павлович, – все зависит от того, в каком виде представим дело начальству.

– Неужели ты думаешь, друг мой, что я стану лгать в извинение? Ни в чем, никогда! Завтра же рапортую о несчастном случае императору и адмиралтейству – и все, как было, все без утайки. Ты простил меня, – может статься, накажет слегка и начальство; но могу ли я простить самому себе – успокоить совесть за смерть людей!

– Грот-марса-рей[257] сорвался случайно. Второпях, в потемках один урядник отдал топенант[258] вместо грот-стенг-стаксель-фала, и люди полетели долой. Это могло случиться и при тебе.

– Я уверен, что ни при мпе, ни при тебе не было бы суматохи, не было бы и торопливости… А гребцы мои, а?.. – Правип вздернул одеяло на лицо и несколько минут безмолвствовал. Только содрогание одеяла доказывало, что он под властию ужасного чувства. Наконец, он открылся, – Нил, тебе известно все, – сказал он, – были проступки и в прежней жизни моей, но я бы отдал смерти половину дней, назначенных мне жить, и посвятил бы остальную на благодарность богу, если б можно было вычеркнуть из бытия последние двадцать четыре часа…

– И я, я преступник, – вскричал он, помолчав с минуту и потом подымаясь на ложе, – я, который играл царскою доверенностию, который

---

[254] Лисель-спирт. – Лисель – парус, приставляемый при слабом ветре к основным прямым парусам и увеличивающий их площадь.

[255] Фордевинд (голл.) – ветер, совпадающий с курсом судна, или курс судна, совпадающий с направлением ветра.

[256] Ундерзейль (голл.) – нижние паруса.

[257] Грот-марса-рей – брус, прикрепляющий второй снизу парус.

[258] Топенант (голл.) снасть, поднимающая и поддерживающая горизонтальные и наклонные реи.

обольстил, погубил любимую женщину, обидел друга, запятнал русский флот, утопил шестнадцать человек, для насыщения своей прихоти, – и я-то думаю жить! Нет! Я не переживу ни своей чести, ни своей души; я не хочу, я не должен существовать. Море взлелеяло меня, море дало мне свои бурные страсти – пускай же море и поглотит их: только в бездне его найду я покой! Если суждены мне муки за гробом, то пусть мучусь вне тела, без сердца, одной душою!.. Это уж выигрыш!.. Смерть, ты улыбаешься мне, как Вера… Приди, приди!

Он страшно восклицал, он жадно простирал руки к какому-то незримому предмету, он был в исступлении.

– Горячка снова им овладела, – сказал на ухо Нилу Павловичу лекарь, – надо употребить утишающие средства, и завтра же будет mens sana in corpore sano[259].

Он заботливо уложил больного.

Нил Павлович вышел наверх отдохнуть от сильных впечатлений. Солнце садилось. Били вечернюю зорю; оба флага скатились тихо, тихо долой; ночь ниспадала прозрачна и мирна, но все было мутно в возмущенной душе доброго моряка. Участь друга свинцом налегла на сердце.

«Дорогою ценой платите вы, баловни природы, за свой ум, за свои тонкие чувства! – подумал он. – Высоки ваши наслаждения, зато как остры, как разнообразны ваши страдания!! У вас сердце – телескоп, увеличивающий все до гигантского размера. О, кто бы, глядя на Правина, не пожелал быть глупцом, всегда довольным собою, или бесчувственным камнем, ничего не терпящим от других!»

В полночь Нил Павлович потихоньку вошел в каюту капитана… На столе подле постели лежало недоконченное письмо; казалось, Правин недавно писал – чернила еще блестели на пере, на бумаге не засохли две капли крови, упавшей, вероятно, с оцарапанного лица. Сам он спокойно лежал, закрывшись весь одеялом. Рука друга подняла покров, заботливый взор его упал на лицо больного: он, казалось, спал глубоким сном. Румянец играл на щеках, но выражение бровей было болезненно; страдание смыкало уста.

«Он и во сне страждет», – сказал про себя Нил Павлович и на цыпочках вышел вон.

– Слава богу, капитану лучше, – сказал он матросам, которые с участием толпились у дверей каюты… и они рассеялись, и по палубам пролетала шепотом отрадная весть: капитану лучше.

Ему в самом деле было лучше.

---

[259] В здоровом теле здоровый дух (лат.)

IX

С минуты разлуки княгиня не отходила от окна. Солнце село, солнце взошло, солнце перекатилось за полдень – она все сидела с тоскою в сердце, с зрительною трубою в руке, она все глядела на фрегат, в коем, не для игры слов, заключалась вся ее надежда. Она видела, как на нем исправлялось, очищалось, приходило в порядок все. Долгое наблюдение сквозь телескоп производит не только в глазу, но и в воображении какое-то странное чувство. Отдаленность с своею немою, но живою игрой людей и предметов, кажется, будто принадлежит иному свету. Смотришь на них как на тени, хочешь угадать их речи, их думы, их заботы по движениям, – внимаешь очами, и любопытство растет до горячего участия.

Часу в пятом вечера княгиня заметила необыкновенное, но стройное движение на фрегате. Матросы унизали борт корабля; что-то красное мелькнуло с борта в воду, и вслед за тем сверкнул огонь из пушки, из другой, из третьей… Гул раздался долго после!.. Потом флаг, который до сих пор спущен был до половины и перевязан узлом, упал – и в тот же миг поднялся до места распущенный… И потом звук исчез в пространстве, дым улетел к небу и все приняло прежний вид.

Это непостижимое для Веры явление мелькнуло в стекле трубки, будто в неясном, худо запомненном сне. Княгиня протерла стекло, но все задернулось туманом в очах ее, и с них брызнули слезы. «Это от усталости!» – молвила она и в думе опустила голову на руку. Невольная дрожь пробежала по ее телу, «Какой холодный ветер!» – подумала она и закуталась шалью… Наконец неизъяснимая тоска сжала ей грудь… Она с горестию сказала: «Видно, он не приедет и сегодня!» Но в голосе ее слышалась обманутая, хотя еще и не разрушенная надежда – какая-то слепая доверчивость ребенка к палачу. О, эти простые слова привели бы в трепет каждого, кто угадывал истину. Сегодня? Но вечереет ли день замогильный? рассветает ли ночь мертвецов?

И княгиня погрузилась в долгое тяжелое забытье; забытье без чувств и мыслей; забытье, в котором, как в Мертвом море, нет ни зыби, ни прилива, ни отлива, не витают рыбы, не перелетают через птицы… все иссушено, все задушено!! Словом, забытье, которое потому только не могло назваться смертью, что оно хранило муку.

Место и время исчезли для княгини. Било одиннадцать часов ночи, когда звук мужских шагов в коридоре гостиницы пробудил ее из гробовой дремоты. Первая мысль, первый крик ее был: «Это он!», и она стремглав бросилась к дверям. Тусклый ночник едва мерцал в радужном кружке, будто глаз какого-то злого духа, но Вера ясно расслушала его походку, она узнала шотландский плащ Правила, – если не слухом и не взором, то сердцем угадала она желанного гостя, – она прыгнула к нему навстречу и с радостным ах! упала на грудь пришельца.

Тесно смежны в сердце женщины восторг и отчаяние, смех и слезы, смежны, как две стороны червонца. Лезвие мысли их не делит; сомнение не простирает своей плены между. Княгиня в восхищении сжимала в своих объятиях пришельца.

– Княгиня! – произнес незнакомый голос, – вы ошиблись. Я не Правин, я только посол его!

Нил Павлович подал письмо княгине.

Княгиня отпрянула от него, как будто коснулась змия.

– А Правин? Он не хотел приехать? – вскричала опа с укором. – Он обманул меня… Да кому теперь можно верить, когда и самое сердце мое меня обмануло. Скажите ж скорее, жив ли, здоров ли мой Илья? Где он? Когда он приедет сюда?

Нил Павлович безмолвствовал.

Глаза Веры засверкали, как острия кинжалов.

– Я понимаю вас, г. лейтенант, – гневно произнесла она, – вы отговорили, вы не пустили его: вы всегда были против нашей любви. Ваше имя не раз отрывало Правина от моей груди… Он мрачно озирался, слыша вашу походку. Вы, это вы отняли его у меня… Но куда вы девали вашего друга, куда схоронили вы моего Илью? Отвечайте же, сударь! – вскричала она, безумно схватив его за грудь.

– Несчастная женщина! вам самим повторю я вопрос ваш – что вы сделали с Правиным? Куда, куда вы схоронили его?

– Он умер? – спросила княгиня, леденея от ужаса.

– Пусть отвечают бездны моря! Бедный друг мой изошел кровью… но прежде крови он пролил по вас горькие слезы, – он в письме завещал мне утешить вас; но могу ли дать то, чего не имею сам, – я не бог. Он один может утолить слезами горесть и совесть, – примолвил тише Нил Павлович, в котором потеря друга превозмогла все прочие чувства. – Прощайте, княгиня, дай вам боже забвения – это единственное счастие несчастных!

Он исчез.

С трепетом открыла Вера письмо, начертанное почти во мраке смерти хладеющею рукою полумертвеца… Мы не прочтем его… Язык жизни не выразит тайн могильных – тайн, которые уносит умирающий в прах; тайн, которые истлевают сердце, как чума своим прикосновением.

Плач и жалобы – дары неба! вами откупается несчастный от половины страданий, от пытки, его терзающей. Но горе тому, для чьей тоски нет слезинки в очах, нет в устах рыдания, нет в сердце вздоха. Горе тому, в чьей душе потонут все думы, все, кроме одной вечной, неумолимой думы об одиночестве – думы о судьбе своей... думы, которая шепчет: «ты, как ястреб Прометея, будешь век терзать свое сердце!».

Это ужасно!

ЗАКЛЮЧЕНИЕ

(Выписка из «Северной пчелы» 1S31 года, августа месяца)

Кронштадт... августа. Вчера пришел на здешний рейд из Средиземного моря фрегат «Надежда», под командою флота капитан-лейтенанта Какорина. Красота корабля, отличный порядок, на нем господствующий, здоровый и бодрый вид людей обратили на себя внимание и начальства и всех посетителей фрегата.

31 августа 1832 года в Петербурге было открытие Александрийского театра. В семь часов вечера зала была уже полна. Партер, половина которого сходила к ложам амфитеатром, алел, как заря, красными мундирами, отворотами, лентами; блистал, как еще не потухший запад звездами. Пять поясов лож пестрелись женскими уборами; иной бы сказал: «то живые цветочные вязи, окропленные росою алмазов» – так ярки, так блестящи были они; и между них веяли и склонялись перья над прелестными личиками, словно крылья херувимов. Тысячи свеч горели букетами по раззолоченным стенам и поручням лож; сливались в ослепительный метеор люстры. Гордо и легко смыкался потолок своими радужными облаками. Боги Олимпа с завистью смотрели на роскошь земную с высоты живописного неба. Богини, краснея от досады, чуть не прятались друг за друга, видя, что красота русских дам пересияла их. Старый грешник, Юпитер, заметив, что он одет не по вкусу времени, сердито косился на свою бороду: казалось, хотел сбрить ее и для последнего превращения облечься в гусарский доломан[260]. Три грации

---

[260] Доломан – короткий гусарский мундир.

морщились на петербургских красавиц, будто хлебнули амброзии, которая скислась; девять сестриц Парнаса[261], которые весьма поустарели со времен Гомера, ревниво смотрели на своих женихов, рассыпающихся жемчугом перед светскими вдохновительницами. Даже сова Минервы[262] завистливо таращила глаза. Только посланница любви, Ирида[263], весело расправляла свои голубиные крылышки да пролаз Меркурий лукаво заглядывал в ложи, будто дожидаясь письмеца. Вулкан[264] же, гладя по головке сына своей жены[265] с самодовольным видом немецкого барона, считал мужей, рисующихся по стенам для тепи картины, и напевал песенку:

Нашего полку прибыло, прибыло!

Между тем передний занавес, бледный как туман германской поэзии, таинственно колебался между зрителями и сценою, будто занавес судьбы, скрывающий от нас даль грядущего. И все было прелесть, свет и очарование! Самый воздух был упоен благовониями и дышал негою вздохов. Он оживлялся от малейшего трепетания райских птичек, отдыхавших на головах красавиц, от волнения газа на грудях, от сладостного ропота их уст, от пылких взоров, летающих, крестящихся, словно падучие звезды, от звуков, возникающих порою из оркестра – звуков неясных, смешанных, чудных как мысли поэта впросонках… одним словом, вся зала Александрийского театра и все, что в ней было, походили тогда на какой-то великолепный, волшебный сон юноши под жарким небом юга. Сердце плавало Б обаятельной розовой атмосфере и в блестящем рассеянии забывало все, что творится за стенами… О, поверьте мне: светская жизнь имеет свою поэзию – зато как дорога и как редка она!

Царской фамилии еще не было, – все жужжало и колебалось в роскошном ожидании, в томлении нетерпеливости. В это время в третьем ряду кресел два человека учтиво пробирались на свои места, платясь извинениями за каждый переход через чужие ноги и поклонами за то, что протирались мимо чужих грудей. Наконец они, положив шляпы на кресла свои, вздохнули и обозрелись свободно. Один был молодой человек, в вицмундире иностранной коллегии, очень приятной наружности и окружности – система округления в лицах. Сложив накрест руки, он

---

[261] Девять сестриц Парнаса… – в греческой мифологии девять муз, покровительниц искусств, живших на священной горе Парнасе.

[262] …сова Минервы… – В древнеримской мифологии богиня Минерва, покровительница искусств и ремесел, изображалась с совою – символом мудрости.

[263] Ирида – в греческой мифологии вестница богов, изображавшаяся быстроногой крылатой девушкой.

[264] Вулкан – бог огня и кузнечного дела у древних римлян.

[265] …сына своей жены… – сын Вулкана Цекуль, бог очага.

равнодушно оперся спиною о спинку кресел второго ряда и, едва отвечая на дальние кивания своих знакомцев, беззаботно взглядывал на ложи сквозь очки (очки есть необходимое условие дипломата, хотя не решено до сих пор, носят ли они их для того, чтоб лучше видеть глазами, или для того, чтоб меньше видели их глаза). Другой был юноша во всем цвете этого слова: жив, румян, весел, разговорчив; он был так доволен своими красными отворотами, так счастлив блеском, его окружающим, будто майская бабочка в ясный день. Он простодушно глазел на все и на всех и смеялся от чистого сердца эпиграммам своего модного соседа; смеялся с откровенностию истинно армейскою. В самом деле, несмотря на четвероугольный лорнет, который он довольно ловко наводил направо и налево, легко угадать было можно, что он недавно переведен из армии. Любопытным расспросам его не было конца. Кто это в мальтийском мундире[266]? Кто эта дама в оранжевой шали? Дипломат едва успевал ввернуть при каждом имени острое словцо.

И вот, когда перебрали они всех посланников и вельмож, всех красавиц и знатных дам, с шумом распахнулась дверь в одной ложе, и в нее вошли дамы блистательной красоты и наряда отличного вкуса. Будто не замечая ропота и взоров одобрения, кипящих вкруг и под ногами их, они сбросили свои шали и, поправляя газовые рукава, обратились к вошедшему за ними кавалеру с замечанием, что коридоры театра необыкновенно тесны, Кавалер этот был генерал пожилых лет, кубической фигуры, со звездами на обеих грудях и с улыбками на обеих щеках. Он отвечал что-то, склонясь между их без чинов.

– Ах, Жозеф! – с жаром сказал дипломату наш юноша, – скажи скорей, кто эта прелестная особа по правую руку в малиновом токе[267]? Глаза ее сыплют алмазные искры, губки раскрылись улыбкою, будто жемчужная раковина от солнечного луча... около нее как сияние, – она богиня радости!.. Имя, имя ее?

– Как, mon cher, ты разгорелся! – отвечал дипломат. – Изволь, однако, я потешу тебя: ее имя Софья Ленович – моя жена.

Жалко было видеть бедного юношу: он смутился! он не знал, из какого кармана выискать отговорок. Ленович с самодовольным видом забавлялся его смущением и шутливо продолжал:

– Да-с, это моя жена; но ты, дружок, не будешь ее поэтом. Нет, нет, стара штука. Полгода еще милости просим жаловать ко мне когда угодно:

---

[266] Мальтийский мундир – форма представителя монашеского католического ордена, обосновавшегося на о. Мальта.
[267] Ток – женский головной убор.

полгода ты будешь безопасен, – но потом, милый, сердись не сердись, а я тебе за твой восторг едва ли не прочту:

Vous etes un brave garcon, un homme honnete, – mais Remarquez bien ma porte pour n'y entrer jamais![268]

Эта шутка была сказана так по-дружески, что мой юноша ободрился. Желая сгладить прежние похвалы, он стал горячо хвалить другую даму, подругу жены Леновича.

– Но соседка твоей Софьи, Жозеф, прелестна как сама задумчивость, – посмотри: каждый взор ее черных глаз блестит грустью, будто слеза; каждое дыхание вырывается вздохом; и как нежно ластятся черные кудри к ее томному лицу, с какою таинственностью обвивает дымка ее воздушные формы.

– Не на варшавском ли приступе[269], mon cher, набрался ты этого романтического дыму? Изруби же его поскорее в стихи; поставь внизу прапорщицкую звездочку, отошли в «Молву[270]» и будь уверен, что если ты спрыснешь свою новинку полдюжиной шампанского, приятели прокричат тебя поэтом.

– Ты можешь шутить как хочешь, но верь, что черты этой красавицы так врезались в мою память, что я завтра же нарисую ее портрет – и всякий, кто лишь раз видел ее, увидев его, скажет: «это она!» Но кто ж она?

л ли ты генерала, сидящего за моею Софьею? Это мой дальний родственник, князь Петр ***, а черноглазая дама – его жена.

– Княгиня Вера! – вскричал гвардеец с такою шумною радостию, что на него оборотились многие лорнеты. – Княгиня Вера, которая целый год увлекала все сердца и все мысли Петербурга. Вера, любимая мечта моего брата! Воротясь в двадцать девятом году отсюда, он прожужжал мне про нее уши… И наконец-то удалось мне увидеть это прекрасное создание!

– Прекрасное недолговечно на земле, – сказал со вздохом Ленович. – Эта черноглазая дама – вторая жена князя Петра, а Вера, ангел доброты и прелести, Вера, которой обязан я своим счастием, умерла в Англии. Когда-нибудь я расскажу тебе ее печальную историю!

На глазах у Леновича, сколько ни дипломат был он, навернулись слезы… Гвардеец молчал в грустном раздумье. Но загремела музыка, занавес взвился – и судьба Веры была забыта.

---

[268] Вы славный мальчик, честный человек, – но хорошо заметьте мою дверь, чтоб никогда туда не входить(фр.)

[269] Не на варшавском ли приступе… – Речь идет о взятии Варшавы русскими войсками 26 августа 1831 г.

[270] «Молва» – газета-приложение к журналу «Телескоп», выходила в Москве с 1831 по 1836 г.

Забыта? О, я готов пожать руку у того или поцеловать у той, кто назовет эту летопись сердца скучною сказкою, кто будет зевать при ее чтении, кто забудет прочтенную половину и бросит в огонь недочитанную. Забвение ждет всех, забвение безвредно. Но, может быть, какой-нибудь бездушный ловелас[271] выдавит сладкую отраву из любви Правина и Веры, перескажет неопытности лишь то, что льстит его намерениям. Может быть, он прочтет эту тетрадь в уединенном кабинете прекрасной даме, которой доселе он говорил: «люблю вас» только взорами. И румянец страсти загорится на щеках его, и голос его задрожит будто волнением души, и послушная слеза сверкнет на ресницах… Он подстережет вздох грусти, слезу сожаления – сожаления, предтечи любви, – и упадет к ногам своей тронутой любовницы.

– О, будьте для меня Верою за то, что я обожаю вас, как Правин!.. – воскликнет он.

– Вы забыли участь их?.. – возразит она.

– У всякого своя участь… Нас ждет доля блаженства, непрерывного, неисчерпаемого блаженства! Но если б меня ждала судьба еще горше Правиной, я приемлю ее за миг счастия, – о, если б вы знали, как я люблю вас!

И его слушают, ему почти верят!

При этой мысли я готов изломать перо свое!

Но существует ли в мире хоть одна вещь, не говоря о слове, о мысли, о чувствах, в которой бы зло не было смешано с добром? Пчела высасывает мед из белладонны[272], а человек вываривает из нее яд. Вино оживляет тело трезвого и убивает даже душу пьяницы. Тацит[273], учитель добродетели, был виной изобретения нойяд[274],[275] в ужасы революции. Бросим же смешную идею исправлять словами людей! Это забота провидения. Мы призваны сказать: так было, – пусть время извлечет из этого злое и доброе. Приморский житель ужасается вечером, видя гибель корабля, а наутро собирает останки кораблекрушения, строит из них утлую ладию, сколачивает ее костями братии – и припеваючи пускается в бурное море.

---

[271] Ловелас – имя главного героя романа английского писателя Ричардсона «Кларисса», ставшее нарицательным для обозначения волокиты, соблазнителя.
[272] Белладонна (красавка) – ядовитое и лекарственное растение.
[273] Тацит Публий Корнелий (ок. 58 – после 117 гг.) – римский историк, оратор, прославлявший старинный республиканский строй и обличавший деспотизм императоров.
[274] Нойяда (Наяда) – в древнегреческой мифологии нимфа рек и ручьев.
[275] Нерон утопил мать свою на галере с окном; подобные плашкоуты заменяли гильотину. (Примеч. автора.)

ВЕЧЕР НА КАВКАЗСКИХ ВОДАХ В 1824 ГОДУ

— Зачем от нас могил ужасный клад

Видения и страхи сторожат?

— Вот Эльбрус, — сказал мне казак-извозчик, указывая плетью налево, когда приближался я к Кисловодску; и в самом деле, Кавказ, дотоле задернутый завесою туманов, открылся передо мною во всей дикой красоте, в грозном своем величии.

Сначала трудно было распознать снега его с грядою белых облаков, на нем лежащих; но вдруг дунул ветер — тучи сдвинулись, склубились и полетели, расторгаясь о зубчатые верхи. Солнце западало. Розовый, неизъяснимо прелестный румянец таял на голубоватых и словно прозрачных льдах горного гребня, и мимолетные пары, расцвеченные всеми отливами радуги, оживляя их игрою теней, придавали еще более очаровательности картине. Я не мог наглядеться, не мог налюбоваться Кавказом; я душой понял тогда, что горы есть поэзия природы. Чувства мои стали чище, думы яснее. Я мог словами поэта сказать тогда:

Там горести, там страсти яд немеет, Там юностью невянущею веет, Забвение, целительной рукой, На сердце льет усладу и покой; Душа слита с возвышенной природой, И дышит грудь бессмертною свободой!

Но заря догорала. Одни за другими гасли вершины гор; только двуглавый Эльборус сиял двумя звездами над океаном туч... наконец и он утоп во мраке. Изредка перепадали крупные капли дождя; ветер вздувал по степи пыльные столбы, и телега моя неслась будто наперегонку с ними.

— Далеко ли? — спросил я извозчика.

— Полверсты, — отвечал он.

В тот же миг сверкнула молния и озарила передо мной новую станицу линейных казаков и дальше домы и домики для приезжих на воды. Спешить мне было не для чего, и я решился провести в Кисловодске день и другой, чтобы удовлетворить любопытству: посмотреть общество и увидеться с знакомыми.

Зоревой барабан гремел и раздавался в окрестности, когда вошел я в залу гостиницы, где за ужинным столом нашел двух добрых моих приятелей. Поменявшись новостями и перебрав по зернышку старину, мне досужнее стало прислушиваться к общему разговору. Ужин кончился, но человек десять романтиков насчет покорности к предписаниям эскулапа не думали покидать стола, и по числу опустошенных бутылок я заключил, что кавказская вода имела для них чудесное свойство — возбуждать жажду к вину.

— Ну что наши московские красавицы? — сказал молодой человек в венгерке, значительно поглядывая на капитана Нижегородского драгунского полка и капитана гвардии, между которыми сидел он. Приятель мой, склонявший мне имена и качества каждого, шепнул, что это матушкин сынок, приехавший сюда из белокаменной лечиться от застоя в карманах.

— Милы, как всегда, — отвечал гвардеец, равнодушно покачиваясь на стуле.

— Скажите — божественны! — с жаром воскликнул усатый драгунский капитан. — Можно ли так сухо говорить о красавицах? Эй, мальчик, — шампанского!

— Позвольте сказать мне по-дружески, любезный капитан, — возразил гвардеец, — вам не мудрено восхищаться ими, после долгих лет, проведенных на бессменной страже или в перестрелках и наездах. Видя женщин, как луну, только на телескопическом расстоянии, всякий примет первую образованную даму, с которою встретится он лицом к лицу, за идеал совершенства; но причина этому не в ней, а в нем. Вы горите, сами и воображаете, что они сияют.

— Тут есть много истины, капитан, но между много и все — целое море. Я не говорю о кавказских татарках, из которых самая красивейшая, по рабским привычкам своим, достойна только закуривать трубки, ни о грузинках, в которых одна глупость может сравняться с красотою. Черкешенки вовсе иное дело, — да мы осуждены любоваться ими как недоступными вершинами Кавказа и видим их едва ль не реже солнечного затмения. Но я сам жил и служил в столицах; видел свет не в подворотню, и образованная женщина хотя здесь для меня и редкость, но никогда не может быть диковинкою.

— Не по хорошу мил, а по милу хорош, — сказал толстый рязанский помещик, улыбаясь, как воображал он, очень лукаво.

— Эта пословица мне не соседка, — отвечал усач. — Я говорю беспристрастно и утверждаю, что на этот раз обе московские красавицы милее здешних петербургских умниц в блузах, с вечными рассказами о погоде и поправками адрес-календаря, помещиц в капотах, которые всякого мужчину принимают, кажется, за амбар для складки отчетов своих о вине, и льне, и ячмене, о садоводстве и скотоводстве, в котором не мудрено им успеть, обращаясь часто со своими супругами! Господа! Здоровье двух прекрасных московок!

Видя, что рыцарь разгорячился, собеседники, уважая добрый его нрав, не сочли за благо подстрекать его еще более противоречиями. Все напенили бокалы и выпили в лад.

— Здоровье прекрасных посетительниц Кавказских вод, на берегах Москвы расцветших! — воскликнул нежный сотрудник дамского журнала, повторяя по-своему предложенное здоровье.

— Этот же тост, в переводе господина Свирелкина с моего бивачного языка на язык светский: кто не пьет — не товарищ!

(Пьют и чокаются.)

— Между нами, капитан, — сказал ему гвардеец, — белокурая или черноволосая сестра вам более нравится?

— Этот же самый вопрос я делаю самому себе двадцать четыре раза в сутки и до сих пор не добьюсь я у своего сердца толку: оно уверяет, что и утренняя и вечерняя заря прелестны. В полдень, любуясь нежными, небесными глазами и пленительною томностью лица блондинки, я бы готов был влезть в ее соломою оплетенный стакан, чтобы коснуться розовых губок и потом растаять в кислой воде; но при свечах или при лунном сиянии пронзительные взоры и пылкий румянец брюнетки зажигают меня как гранату, и я рад кинуться на чеченские шашки, чтобы до нее прорубиться.

— Полноте вздыхать, господин адъютант! Чокнемся лучше да выпьем за здоровье прелестного румянца нашей богини.

Адъютант закраснелся и выпил.

— Именным бы указом запретил красавицам, у которых в лице играет румянец, ездить на воды, — сказал чахоточный прокурор, поправляя в ухе хлопчатую бумагу, — они делают больными здоровых и мешают больным выздоравливать.

— Что так строго, господин прокурор? — возразил артиллерийский ремонтер обвинителю. — Я уверен, что не любовь, а деловые экстракты причины ваших недугов.

— То есть уксус, который выжимали вы из справок, — прибавил москвич.

— Настоящий vinaigre de quatre voleurs![276] — наддал еще драгунский капитан, недавно проигравший тяжбу и сердитый за то на все канцелярское семя. — Излишнее рвение повредило ваше здоровье…

— Вам бы надобно было довольствоваться только запахом, а вы хотели выпить все до дна.

— Господа! — отвечал прокурор, поглядывая то направо, то налево, в нерешимости, рассердиться ему или принять град насмешек за шутку;

---

[276] Уксус из четырех воров (фр.)

наконец он рассчитал, что последнее выгоднее. — Господа! — повторил он, — конечно, мне бы следовало довольствоваться одним запахом, но тогда я не имел чести иметь вас высоким примером скромности — вас, которые так счастливы в любви одним гляденьем.

— Браво! браво! — воскликнули многие голоса сквозь смех. — Здоровье больной юстиции!

И бокалы засверкали донышками.

В это время молодой человек, прекрасной наружности, закутанный шалью, который задумчиво сидел против меня и часто с беспокойством поглядывал на часы, встал и подошел к окну. Выразительно было бледное лицо его, и его впалые черные очи, казалось, хотели пронзить темноту и дальность.

— Облака заволакивают месяц, — сказал он вслух, но более обращаясь к самому себе, чем к обществу, — ветер воет, и дождь крапает в окна… Как-то будет добраться до дому! Когда вихорь разносит пары, то при блеске лунном порою белеет Эльборус, спящий в лоне туч перед грозою.

— Покойной ему ночи, — сказал сосед мой, отставной полковник. — Ты, господин доктор трансцендентальной философии, наверно, не будешь встречать так равнодушно бурю, как он в грозном колпаке своем.

— Конечно, нет, любезный дядюшка, — отвечал молодой человек, — потому что я пе камень. Кавказу полгоря носить ледяной шлем на гранитном своем черепе, — у него вся адская кухня греет внутренности, и, может статься, природа обложила голову его льдом нарочно для умерения внутренней горячки с землетрясениями; но если бы вздумалось повторить такой опыт надо мною даже и в припадке безумия, — я бы, конечно, отправился в Елисейские поля. Выкупаться в туманах, не только быть промочену дождем, — значит испортить весь курс лечения, а мне, право, не хочется начинать его в третий раз.

Сказав это, молодой человек учтиво поклонился собранию, завернулся в плащ и вышел.

— Вот нынешние молодчики! — сказал полковник, провожая его глазами. — Не понимаю, как можно в двадцать пять лет так нежить себя! Прекрасный малый, а пречудак племянник мой. Порою бегает по целым часам нараспашку или, как угорь, вьется по утренней росе; но когда ему вообразится, что он болен, то чего не накутает на себя для прогулки в самый полдень! Треух на голову, калоши на следки, фланель для поддержания испарений, замшу от сквозного ветра, жилет для приличия, сюртук для красы, шинель для всякого случая сверху, — а сверх шинели — всю природу. Недаром один шутник назвал его египетскою мумиею, набальзамированною романтизмом и испещренною иероглифами странностей, которых не разберет, думаю, ни сам старый черт, не только Шампольон-младший! Простудиться!! Человеку в двадцать пять лет и гренадерских статей простудиться! Я бы заставил его сломать похода два-три зимой, на холодной воде, вприкуску с гнилыми сухарями. Сегодня по пояс в снегу, завтра по колено в грязи и потом, промокши до самого сердца, просушиваться под картечным огнем неприятельским. В цепи или в разъезде вместо отдыха; то преследуя побежденных, то утекая разбитый и, в довершение удовольствий, нося более ран на теле, чем петель на мундире!.. Там забыл бы он, за недосугом, и настоящие болезни, не то что воображаемые.

— Впрочем, кто из нас, — сказал на это гвардейский капитан, чистя перышком зубы, — кто из нас отказывался, после дымных биваков, попировать в богатом замке, покружиться усталыми от похода ногами с милыми чужеземками и заснуть на мягком пуховике? Наслаждайся, покуда можно, — есть девиз русского; но когда приходит время лишений, нужды и опасностей, он так же мало заботится и жалеет о выгодах жизни, как о завтрашнем дне, и под мокрою буркою, в грязи засыпает не хуже праведника, поужинав горстью недоваренного ячменя, устав от боя и похода!

— И то правда! — отвечал полковник, перебирая по четкам памяти все подобное, изведанное собственным опытом.

— Племянник ваш, может быть, имеет другие причины опасения возвращаться домой так поздно, — молвил человек небольшого роста, в зеленом сюртуке, коего таинственная наружность весьма походила на сосуд, в который царь Соломон запечатал множество духов. — Он, приехав позже всех на воды, принужден был нанять домик за кладбищем.

— Вот это мило! — возразил полковник. — Молодой человек девятнадцатого столетия и, в придачу того, магистр Дерптского университета станет бояться пройти чрез кладбище! Да нынче дамы нередко назначают там свидания.

— Неужели вы думаете, — насмешливо присовокупил гвардеец, — что племянник полковника боится наступить на ногу какому-нибудь заносчивому покойнику и тот потребует от него благородного удовлетворения?

— Не шутите над мертвыми, капитан, — произнес торжественным голосом человек в зеленом сюртуке. — В природе есть вещи страшные, неразгаданные! Племянник ваш еще не утешился о потере друга, которого схоронил он здесь в прошлом году.

— Военный или рябчик был друг его? — небрежно спросил драгун.

107

— Никто наверно не знал ни его звания, ни его отчизны, хотя в паспорте он назван был венгерским дворянином. Сказывают, он был странное и непонятное существо. Выговор ни на каком языке не изменял ему, — он на всех европейских говорил как нельзя чище. Жил весьма скромно и между тем сыпал золото бедным. Одевался просто, но одни солитеры его перстней стоили десятков тысяч. Вообще он был нелюдим и молчалив, ни с кем не сближаясь и никому не кланяясь. Однако же некоторые знатные особы говорили всегда с ним и о нем с величайшим уважением. Одним словом, — продолжал таинственный человек, понизив голос, — многие считали его одним из двенадцати кадожей.

— А что это за зверь? — спросил толстый помещик, который, скучая молчанием, как ловчий, стоял настороже с борзыми вопросами, ожидая по себе предмета; но, видя, что ожидания его напрасны, спустил их со смычки в чужую угонку.

— Кадожи? — отвечал сфинкс, опустив нос свой в стакан, как пьющая синица. — Кадожи, как говорят, суть главные блюстители масонских лож, из которых, как, я думаю, известно, шотландская считается за старшую. Не будучи великими магистрами, они важнее всех магистров, потому что лишь им открыта главная общая цель братства. Они могут находиться во всех степенях, но всегда скрытно, всегда никем не знаемы и, сохраняя в руках своих главные средства, путешествуют по свету для наблюдений, для дела и успехов вольных каменщиков.

— Так бы вы и сказали, — примолвил рязанский помещик. — Попросту сказать, он был атеист, то есть фармазон и отчасти волтерианец. Сосед мой прошлого году наслал мне от Макарья целую кипу книг об их вере; поклоняются моське, батюшка!

Никто не мог удержаться от смеху, слыша такое определение масонства. Наконец затихли и отголоски этого выстрела веселости.

— Но каким же образом вы споведали о кадожах? — подозрительно спросил капитан гвардии.

Сфинкс в зеленом сюртуке побледнел, боязливо взглянул на прокурора, потом на дверь, которая скрипела и не отворялась, потом покраснел он, потом щелкнул по серебряной табакерке указательным перстом, отворил ее, нюхнул, что называется, вслух и, ободрившись, отвечал;

— Вы можете быть уверены, капитан, что если б я когда-нибудь принадлежал к обществу масонов, то, конечно бы, не стал рассказывать об их распорядках. Впрочем, я уже известил вас, что и сами масоны не имеют о кадожах верного понятия, и ежели венгерца считали одним из них, то это по одним догадкам, по соображениям и вероятностям. Таинственность его речей, скрытность поступков, его обширный ум, его богатство и связи, уважение к нему людей почетных — вот что служило к тому поводом.

— Удивительная архитектура догадок, — возразил насмешливо гвардеец, — точь-в-точь пирамида, у которой острие служит основанием. Каким же образом эти странствующие привидения, эти всемирные блюстители узнают друг друга внове?

— Говорят, — тихо отвечал рассказчик, — впрочем, я уверять не могу и отрицать не смею, что между ними главным опознательным знаком служит особого вида кольцо.

— Видно, эти осторожные по превосходству люди хранят в решете свои таинства, — заметил гвардеец, — когда они доступны всякому встречному и поперечному.

— Всякому? Нет, капитан! — возразил сфинкс, несколько обидясь. — Немногим, очень немногим дается дар проникать в глубочайшие тайны, в сокровеннейшие изгибы души человеческой, и по нескольким точкам начертывать целые картины.

— Перед вами, перед вами все эти достоинства! — нетерпеливо вскричал усатый кавалерист. — Но скажите, ради бога, какое сношение имеет кладбище с племянником полковника?

— Кладбище — дорога на тот свет, — отвечал человек, у которого голова, как покинутая башня, населена была привидениями, между тем как вид его доказывал, что он чувствует уже свою важность, возбудив любопытство.

— И в рай, — произнес сомнительно чахоточный прокурор, у которого сердце пищало, как орех в клещах, при мысли о смерти.

— И в ад, — прибавил сосед мой, полковник, брякнув стаканом по столу, будто вызывая всех бесов в доказательство, что ему нечего их трусить.

— Да, и в ад! — повторил с глубоким вздохом прокурор, опуская от губ нетронутую рюмку: ему показалось, будто вино пахнет серою,

— Продолжайте, почтеннейший! — сказал рассказчику любопытный артиллерист. — Зачем же этот венгерец приехал на воды?

— Зачем мы все здесь? — отвечал тот. — Сделайте подобный вопрос каждому из нас, и все скажут: лечиться, но, кроме этого, есть побочные или главные цели у многих. Одни приезжают рассеяться любовными связями; другие — остепениться женитьбой; третьи — поправить картами несправедливость фортуны; иные, чтоб пе упустить из виду умирающего богача-родственника; очень многие для удовольствия про…

— Ради самого Пифагора, избавьте нас от подобных выкладок! Сочтите, будто мы знаем все, что можете высказать впредь на этот случай, и поскорее к делу! — воскликнул гвардейский капитан.

Таинственный продолжал так:

— Теперь, милостивые государи, надобно вам объяснить, что в первых веках христианства греческие купцы из Византии, привлекаемые знатными выгодами, презирали тысячи опасностей от худых и пустынных дорог и варварских нравов, заезжали сюда или проезжали чрез этот край из Персии, чтобы менять восточные товары на поморьях Каспия и Черного моря и потом торговать с славянами за Доном или по Днепру, и возвращались потом с драгоценными мехами домой как могли. Караван одного из них с несметными богатствами в жемчуге и золоте, в парчах и цветных каменьях, был настигнут и окружен свирепыми горцами, ночью, поблизости этих ключей. Видя неизбежную гибель, купец успел зарыть все драгоценнейшее в землю, чтобы скрыть от разбойников и потомства обожаемое им золото, для которого не щадил он ни поту, ни крови и утратил жизнь и душу. Все это, как водилось в те времена, сопровождаемо было чарами и заклятиями. Караваны тогда не ходили без прикрытия; отчаянная стража дралась насмерть и почти вся была изрублена варварами. Сам хозяин лег мертвый на сокрытые свои сокровища, как будто желая охранять их и по кончине. Один только раненый вожатый верблюда был увлечен в плен, в горы, провел горькие годы в жестоком невольничестве и, перепроданный несколько раз, бежал к Черному морю и достиг до своего отечества. Известие обо всем этом, от него, чрез многие руки и многие столетия перешло во время крестовых походов в руки тамплиеров, с верными подробностями. Не знаю, старались ли они извлечь из недр земли эти сокровища и какова была удача попыток, если старались; только венгерец прибыл сюда, как полагали, с тайным поручением ложи — поверить на месте предания и, если можно, вырыть из земли под вековым прахом погребенный клад.

— Клад! — умильно воскликнул помещик, у которого охота к охоте спровадила в заклад почти все имение.

— Клад! — произнес, облизываясь и потирая руки, прокурор, — об этом следовало уведомить местное начальство.

— Особенно если там найдутся старинные монеты, оружие, утвари, чудные украшения или древние идолы, — примолвил в первый раз какой-то археолог с готическим носом, у которого слова были, кажется, так же редки, как медали с изображением царей Кавказа.

— Со всем тем, — продолжал таинственный человек, — венгерец, по-видимому, не имел охоты делиться с местным начальством, ни угождать господам искателям древностей, потому что меры его были чрезвычайно скрытны и осторожны. Один только чудный случай и странное стечение обстоятельств ненамеренным образом открыли часть его тайн одному из друзей моих, который в прошлом году жил рядом с его

110

комнатою. Он рассказывал про этого непонятного человека много таких вещей, от коих поднялись бы волосы дыбом у самого неверующего вольнодумца.

— Этому трудновато быть с моею головою, — сказал толстый помещик, поглаживая по своей лысине и отодвинувшись от стола после этой шутки, как откатывается пушка после выстрела. Однако ж, боясь, чтобы лукавый не отплатил ему за насмешку, он потихоньку перекрестил грудь против третьей пуговицы и снова навострил ухо к рассказу.

Человек в зеленом сюртуке пожал плечами и улыбнулся почти презрительно, что на мимическом языке значило: какая жалкая шутка! стоит ли для нее прерывать занимательное повествование! И он, по кратком молчании, начал вновь:

— По ночам, рассказывал друг мой, венгерец долго и пристально сиживал за какими-то книгами и тщательно запирал их в другое время. Потом он то медленными, то быстрыми шагами ходил по своей комнате, то вдруг останавливался на одном месте, как будто окамененный каким видением или мыслию. Порой неясные звуки вырывались из груди его; даже во сне тяжело стонал он, словно совесть его подавлена была каким-нибудь преступлением, и его всегдашняя физиономия, могильная синева его лица, его впалые, почти неподвижные очи, речь прерывистая и рассеянная обличали гораздо более страдания души, чем разрушение телесное. Со всем этим он бывал порой чрезвычайно занимателен: он везде бывал, все видел, все постиг. О всех веках, о всех народах говорил он с достоверностию самовидца и с беспристрастием потомства. Все важные лица последнего столетия были знакомы ему коротко, если не по свету, то по настоящим их характерам. В это время, полковник, сдружился он с племянником вашим. Склонность молодого человека к мечтательности и уединению, его чистый, возвышенный нрав и вместе кроткая, но пылкая душа пленили доверие венгерца. Казалось, он предчувствовал близкий конец свой и спешил передать свои познания и тайны достойному смертному. «Я не довольно чист душою для такого дела», — подслушал однажды друг мой слова венгерца к юноше. Они были неразлучны: вместе на ночных прогулках до самого Подкумка, не страшась чеченских хищников, и всегда в местах диких и непосещаемых; вместе за чудными письменами до белой зари; вместе при свете солнца и при мерцании месяца. Чаще всего бродили они на здешнем кладбище, в глухую полночь, с железною тростью и телескопом в руках, то пронзая землю, то углубляясь в небо.

«Скоро, скоро свершится в мире мое странствование, — сказал однажды, прощаясь с молодым своим другом, венгерец, — я уже чувствую на сердце ледяную руку смерти. Но завтра стечение созвездий будет

111

таково точно, как в роковую ночь, поглотившую сокровища греческого гостя. Когда ударит двенадцать, — луна бросит тень от того пригорка прямо по направлению, где скрыто оно, и там, где черта сия сойдется с тенью…» Друг мой не мог расслушать более. Утро застало венгерца на одре кончины…

— Он умер! — вскричал с досадою прокурор, воображая, что клад ускользнул от его химического процесса.

— Дайте ему умереть своею смертью! — гневно возразил артиллерийский ремонтер. — Итак, на одре кончины, сказали вы?

— Больной был безнадежен: у него лопнула одна из кровеносных жил, и сердце его заливалось, тонуло в крови. С трудом мог он произносить слова, и молодой друг, пораженный ужасом и сожалением, подавлен тоскою разлуки вечной, незаменяемой, ни на миг не покидал умирающего. От лекарей отказался венгерец, говоря, что не хочет обманывать себя пустыми надеждами, а священника не принял под предлогом различия вер. Настала ночь… и ему стало тяжеле… Смертный час, видимо, близился, — и ужасна казалась кончина умирающему. Тьма зияла перед ним, как вечность, блуждающие зрачки его то искали, то избегали чего-то в пространстве. Каждое дыхание его было вздохом тоски неизъяснимой, и хриплые стенания вырывались из уст. Наконец он дал знак, и все удалились, кроме юного друга его. Сначала разговор их был тих, но постепенно голос больного возникал выше и выше и снова стихал, как замерзающий ключ. Уже ни одной живой души, кроме их, не осталось в домике и все спало в окрестности и вблизи. Только друг мой, движимый любопытством соучастия, сидел у двери общего коридора, прислушиваясь к каждому шороху. В комнате венгерца слышался лишь ропот невнятного разговора, — и вот все притихло, все, кроме последнего дыхания отходящего… Но вдруг клик ужаса раздался там: он был пронзителен и страшен; сам друг мой вчуже оцепенел, не постигая тому причины. Слушает… нет, это не обман воображения, — третий, незнакомый голос, голос могильный, голос нездешнего мира произносил там звуки укора, и тяжкие стенания страдальца служили им страшным отголоском.

Все слушали с напряженным вниманием. Полковник, опершись головой об руку, безмолвно следовал за рассказом, поверяя, кажется, слышанное с известным ему прежде… Только дождь, бьющий в окна, прерывал тишину залы.

— Значение слов убегало, однако же, от уха моего приятеля, — продолжал человек в зеленом сюртуке, — испуганного тем более, что он был уверен, как сам в себе, что никто не мог пройти в комнату больного, не быв замечен им сквозь замочную скважину. Дорого бы заплатил он тогда, если б можно было превратить стену, разделяющую их комнаты, в стеклянную. Наконец явственно услышал он страшный, последний стон венгерца, стон души, вырывающейся из тела… И потом долго длилось молчание, и потом шаги двух — не говорю людей, — но существ по комнате… С треском растворились двери, свет фонаря сверкнул в коридоре — и он увидел…

В это самое время быстрый топот ног послышался на лестнице, и дверь залы, сорванная ударом с крючка, расскочилась настежь обеими половинками. Гвардейский герой изменился в лице, артиллерист схватился за стакан, как за талисман против всякого наваждения; драгунский капитан сжал ручку черкесского кинжала, по обычаю всех кавказцев носимого на поясе; чахоточный прокурор обомлел на стуле своем, а толстый барин, с восклицанием: «С нами крестная сила!», так внезапно прикатил свое туловище к столу, что рюмки и стаканы зазвенели друг о друга. Все прочие с робостию, более или менее заметною, устремили глаза на дверь.

Это был, однако же, не иной кто, как племянник полковника. С черного плаща его катились крупные капли дождя; шляпа надвинута была на самые брови, и он, не сняв ее, торопливо вбежал в залу. Мутные глаза его бродили, на бледном лице выражался испуг, речь исчезала на дрожащих губах. Тяжкими и долгими порывами дышал он и наконец бросился, или, лучше сказать, упал, в кресла, беспокойно озираясь кругом, будто боясь преследования. Бесчисленные вопросы посыпались на него со всех сторон; но он ничего не слушал, никому не отвечал. Потом быстро вскочил он, схватил за руку дядю и увлек его на другой конец залы, чтобы изъясниться наедине. Все шепотом и знаками выражали свое изумление, не спуская глаз с молодого человека. Он говорил тихо, но с жаром. Полковник слушал, внимательно, но недоверчиво; скоро, однако ж, улыбка сомнения слетела с его лица, — оно померкало постепенно и, наконец, побледнело как полотно… Безмолвно стояли они потом, глядя друг на друга, в течение нескольких минут. Наконец полковник угрюмо сжал руку племянника, опоясал саблю, засветил маленький фонарик свой, и оба вышли вон, не удостоив ни словом, ни даже поклоном собрание.

— Они пошли на кладбище, — сказал таинственный человек, прильнувши к окну, — я вижу свет их фонаря, он мелькает вдали, подобно блуждающему огоньку над болотом.

— Это странно! — произнесли многие в один голос.

— Это удивительно! — сказал гвардейский капитан. — Я всегда знал полковника за человека, не верующего ни в какие сказки, а теперь, судя по его лицу и поступкам, он разделил испуг своего племянника, которому почудилось что-нибудь сверхъестественное.

— Заметили ли вы, — прибавил артиллерист, — что на плаще его виден отпечаток пяти пыльных перстов?

— Если б их было шесть, это было бы немного поудивительнее, — возразил гвардеец. — Что мудреного? Молодой человек споткнулся, оперся о пыльную могилу рукою и, поправляя плащ, отпечатал ее на мокром сукне.

— Гм, гм! — произнес сомнительно артиллерист, — но направление этой кисти не могло естественным образом принадлежать владельцу плаща: оно было вовсе наизворот.

Гвардеец молчал.

— Я вам говорил, — произнес тогда с торжествующим видом человек в зеленом сюртуке, — что в истории венгерца есть вещи, о которых, по словам Шекспира, и во сне не грезила ваша философия. Я должен прибавить вам, что ровно год тому назад, в этот самый час, его не стало. И что бы вы сказали, капитан, если б тень его, оставя прах могилы, встретила вас на кладбище в такую ночь?

— Я бы сказал, что это сущие басни, — отвечал капитан. — Как могут жители того света возвращаться на землю, когда все их органы истлели? Как могут они ходить, говорить, иметь вид человеческий?

— Я не отвергаю, чего не постигаю, — сказал артиллерист.

— А я так верю всему, чего не понимаю, — простодушно признался рязанский толстяк.

— Не боюсь, хотя и не понимаю! — грозно воскликнул усатый кавалерист. — Не боюсь ни черта в человеческом образе, ни людей, начиненных всякою чертовщиною.

— Это можно испытать, — хладнокровно возразил таинственный человек. — В дальнем углу кладбища, направо, я видел сегодня мертвую голову, конечно вымытую дождем или выкопанную волками; тот, кто всех из нас бесстрашнее, пойдет и принесет этот череп сюда.

— Я готов! — сказал драгунский капитан и наклонился вперед, как птица, которая хочет слететь; однако ж не тронулся с места.

— Я иду! — произнес еще решительнее гвардеец, оперся о ручки кресел, чтоб встать… и положил ногу на ногу.

— Я бы пошел очень охотно, если б погода была получше, — проговорил антикварий с готическим носом, — а то в слякоть и в дождь — слуга покорный. Хорошо, если б это было еще за черепом какого-нибудь героя древности, — а то, я думаю, за пустой головою кубанского казака или чахлого водолея из России.

— Ни для живых, ни для мертвых! — возгласил толстяк, поглядывая на донышко стакана, как будто это мудрое изречение написано было на нем заглавными литерами. — Гей, малый! донского-полыннового.

114

— Эй, шампанского! — вскричал гвардеец, желая смыть и след прежнего разговора струями Эперне. — Как можно, сосед, так много пить донского? Оно очень землисто.

— Родимая земля, родимая земля, — возразил толстяк помещик, разливая в стаканы благодатную влагу, и в это время он точь-в-точь похож был на погребковую вывеску, на которой Бахус, оседлав бочку, распенивает вино в кубки.

Но человек в зеленом сюртуке не дал им так дешево отделаться от испытания храбрости.

— Итак, никто не хочет идти за мертвою головою? — спросил он укорительным голосом и вместе с лукавою гримасою.

— Сам не хожу и других не прошу, — отвечал рязанский помещик. — Куда будет весело, если мертвецу вздумается пожаловать к нам за своею головою.

— Не бойтесь этого посещения, — возразил артиллерист, — теперь уже минула мода прогуливаться без головы, по крайней мере для покойников.

— Почему знать? — сказал сосед мой, адъютант, освежая усы в шампанской пене. — В этом случае только первый шаг труден.

— Проклятая рана! — произнес драгунский капитан, поправляя перевязку и морщась, будто от боли. — Если б не она, я принес бы этот череп на забаву компании. Кладбище для меня не страшнее бахчи с арбузами.

— Что касается до меня, — примолвил гвардеец, шаркая под столом ногами и задобривая всех бокалами, — мне не хочется покинуть столь приятного общества... особенно не дослушав до конца занимательный рассказ ваш о венгерце, — прибавил он, учтиво обращаясь к зеленому сфинксу.

— Окончание моего занимательного рассказа зависит от судьбы, — очень сухо отвечал повествователь.

— Неужели же вы не знаете, что увидел друг ваш в коридоре? — спросил с беспокойством нетерпения артиллерийский ремонтер.

— По крайней мере вы этого не узнаете, — хладнокровно отвечал таинственный человек.

— Но куда же делся тогда племянник полковника с привидением? — торопливо спросил тощий прокурор. — G таким вожатым он наверное добрался до клада.

— Вырытый клад? Привидение? Вы, видно, знаете более моего. Я ни слова не говорил о привидении, — отвечал сфинкс.

— Но, боже мой, что сталось по крайней мере с венгерским кадожем в час смерти? — вскричал москвич с видом отчаянного любопытства.

— Не мне разглашать исповедь копчины и похищать тайны могил, — ответствовал важно человек в зеленом сюртуке. — Племянник полковника живой человек, — он знает все лучше моего; спрашивайте, — я пожелаю вам полного успеха.

Жужжанье неудовольствия, как пылание сухого бурьяна, послышалось кругом всего стола. Возбужденное любопытство требовало какой-нибудь жертвы, и драгунский капитан решился удовлетворить его аппетиту рассказом.

— Я плохой краснобай, — сказал он, — тем более что в последние годы службы на Кавказе чаще слышу выстрелы и лучше понимаю конское ржание, чем людской говор; однако ж если господам не скучно будет выслушать приключение подобного же рода, с родным моим братом бывшее, то я чем богат, тем и рад.

Разумеется, приглашения и просьбы посылались на него, как пудра. Пыхнув последний раз трубкою, он начал так, сквозь облако табачного дыма:

— Надобно предуведомить вас, господа, что брат мой человек прямой, благородный и без всяких предрассудков от природы и воспитания. Каждое слово его между всеми знакомыми ходило вернее билета на Амстердамский банк; и до сих пор не могу я разгадать этого случая, но сомневаться в рассказе брата не имею никакого повода. Он вырос и стал отчаянным моряком на палубе английского корабля, потому что в его время русские гардемарины посылались на британский флот учиться мореплаванию и порядку. По этой причине, быв уже впоследствии старым нашим лейтенантом, он имел многих знакомцев и друзей между англичанами, с которыми делил мичманские шалости на воде и на суше. Пять лет тому назад случилось фрегату, на котором брат мой командовал первою вахтою, сойтись с английскою корветтой в одном из больших норвежских портов. В числе экипажа этого практического судна, какой-то особенной постройки, нашел он кой-кого из ба-ловых своих приятелей, и, по обычаю, для поновления дружества, они съехали на берег, заказали славный обед в трактире, которым ограничиваются обыкновенно топографические исследования моряков, и бутылки пошли ходить кругом стола, между тем как бесконечные тосты в three times и three time three, то есть с троекратным и трижды троекратным «ура», передавали все краски вин носам и лицам собеседников. Брат мой был удалой весельчак и непобедимый питух — два достоинства, не оцененные в глазах каждого свободного англичанина. Прибавьте к этому, что он говаривал: «S'blood God damn my Soul[277]» или «stab my vitals![278]» не хуже

[277] Пусть бог проклянет мою душу (англ.)

кембриджского профессора изящных наук, и вы не удивитесь, что британцы были от пего в восхищении. После тысячи и одного рассказа о кораблекрушениях, абордажах, призах и опасных плаваниях то под экватором, то среди ледяных гор полюсов моряки наши удостоили ступить на землю, и пошли вести о вечной войне флотских с таможнею, о славных трактирах и чудных красавицах, с описанием боевого крейсерства между подводными камнями этих архипелагов. Точно так же, как мы, беззаботно стучали они стаканами, точно так же, как у нас, упал и у них разговор на выходцев с того света. Все сознавались, что предрассудки младенчества, которые всасываем мы с молоком и воздухом, оставляют в нас едва ли не навсегда невольную боязнь, если не тайное верование к этим существам. Но одни, особенно шотландцы, уверяли и доказывали, что страх этот есть врожденное сознание в возможности таких явлений, чему приводили множество достоверных примеров и собственных опытов, между тем как другие утверждали, что все это или обман чувств, или бредни, достойные старух и ребят. Брат мой подвизался на стороне последних и шумел, как во время бури, не забывая заряжать себя мадерою и осыпая картечью клятв логику противников, — манекр, который

Почитается и между нашей братьи убедительнее сухих доводов.

«Во всяком случае, — говорил он, — смешно верить и еще стыднее бояться того, чего нет. Я вызываю на заклад каждого из вас испытать собственное мое мужество!»

«Держу против пятидесяти фунтов стерлингов!» — закричал лейтенант корветты.

«Держу против пятидесяти фунтов!» — прибавил другой.

Англичане не любят пятиться, но русские идут всегда вперед:

«Я держу за себя сто фунтов, — сказал брат мой, — и предлагайте опыт сейчас же!»

Капитан судна ударил в руку, и две тысячи пятьсот рублей назначены были наградой доказанного бесстрашия в отношении к мертвецам или наказанием самохвальства в противном случае.

Решили, чтобы моему брату идти за город на лобное место, где все они, прогуливаясь, видели труп вчера повешенного разбойника. Он должен был взять его за руку и неучтивее попросить сделать ему честь пожаловать в трактир и попировать с ними до петухов, после которых, как известно, всех чертей требуют на перекличку. В доказательство же исполнения условий навязать висельнику на левую руку золотой шнурок, который один из англичан сорвал со шляпы своей.

Как ни странно, как ни причудливо, чтобы не сказать — как ни

---

[278] Пусть мне проколют брюхо! (англ.)

глупо, было это условие, — брат мой готов был на все. Англичане с сомнительным видом пожелали ему успеха, и он, завернувшись в клетчатый шотландский плащ, смело посвистывая, пустился по пустым улицам городка. Ночь была холодновата, путь не близок; голова и сердце его начали простывать, особенно когда очутился он в пустыре за городом, — ему показалось даже, что ветер дует так пронзительно, как будто настоен январскими морозами Якутска. В это время луна выкатилась из-за облака и озарила всю окрестность, страшная виселица чернелась вдалеке, — и на ней качался роковой плод ее. Брат мой вздрогнул и остановился невольно; выправил маленький запутанный цепочками кортик свой, который азиатец почел бы зубочисткою; потом оглянулся назад и стал считать в кошельке своем червонцы: худое начало для закладчика.

Однако же брат скоро ободрился… Все было так тихо и мирно кругом. Позади его, темнея, лежал сонный город с блистающими церковными шпицами; впереди — горизонт сливался с грядою холмов, на коих, как привидения великанов, стояли мельницы с неподвижными их крылами; вправо и влево перелески и поля с мелькающими вдали домиками. Нигде человеческого голоса, ни даже лая собаки. Брату стало стыдно самого себя. Ему казалось, что месяц дразнит его языком, а вся окрестность укоряет в робости; он распахнул плащ, который прижимал к себе так плотно, будто он составлял часть его кожи, и смелыми шагами пошел к виселице. Через десять минут он стоял уже под нею.

Неприятно и днем, не только ночью, видеть отвратительную картину нравственного и физического разрушения, какую представляют нам казни. Один только граф М-р нашел в палаче лицо утешительное для человечества, как в представителе божеского правосудия на земле. Брат мой, правда, не читал о том ни строчки, но и прочитав, покорный голосу природы, не поверил бы этой коварной логике Торквемады, где высокие причины смешаны с унизительными орудиями. С тайным ужасом глядел он на повешенного; луч месяца прямо бил в посинелое лицо, инде уже ищипанное птицами. Последняя минута тоски, видимо, замерла в обезображенных чертах и в стекловидных глазах его, в коих отразились все муки души преступной и отчаянная борьба жизни с насильственною смертью. Волосы стояли дыбом, персты сведены судорогами. На нем падет был род белого фланелевого савана с наножниками и рукавами, и он при каждом дуновении ветра то качался взад и вперед, как маятник, то обращался влево и вправо, подобно компасной стрелке, между тем как веревка держала голову его вниз, как недостойного смотреть на небо, загражденное ему собственными злодействами. Долго, долго смотрел брат мой на труп, и глубже, глубже входило в сердце его холодное лезвие ужаса, смешанного с отвращением. Наконец он вспомнил о своем закладе, и, как ни мало расположен был в ту минуту к шуткам, однако же, для честного слова благородные люди делают гораздо хуже, чем глупости, и он, вытащив из кармана шнурок, повязал его висельнику на кисть, потом снял шляпу и поклонился так ловко, что это сделало бы честь всякому флотскому, который учился менуэту на кубрике, беспрестанно сгибаясь для сохранения лба от низкой палубы и беспрестанно оглядываясь, чтобы не слететь в люки. За поклоном следовала пригласительная речь по данной формуле, и потом брат мой снял перчатку, прикоснулся к руке мертвеца, — должно признаться, однако ж, с такою осторожностью, как доктор, который хочет пощупать пульс у зараженного чумою. В то самое мгновение, когда он обнял своими перстами ледяную руку висельника, зазвучали городские часы полночь, и заунывный гул их, наносимый ветром, показался брату печальнее погребального колокола; с этим вместе он почувствовал, что мертвец сжал и по-дружески потряс его руку.

Я вам сказал уже, господа, что брат мой был бесстрашный офицер по природе и по привычке: он, не бледнея, встречал внезапный тифон из-под ветра, и рупор его ревел под картечными выстрелами тридцатишестифунтовых карронад… Но тут было дело иного рода. Он признавался мне, что хотя мозг его и плавал до тех пор в разгоряченных парах вина, но от этого пожатия вдруг превратился в порцию мороженого пунша… вся философия исчезла, холод змеей прополз по костям, и он с изумлением страха увидел, что с первого удара часов мертвец начал потряхиваться, побрякивать своими закованными ногами и подпрыгивать то вниз, то вверх, наподобие рулетки, — так разобрала его охота поплясать под звук полночной музыки. Наконец часы протяжно добили двенадцать, и последний удар стих в окрестности. Вместе с боем кончились и адские антраша; зато невнятный голос мертвеца поразил слух моего брата, который и без того ни жив ни мертв стоял, желая не верить собственным чувствам. Мертвец не шевелил губами, но голос его, вырываясь из груди, то слышался глубоко под землею, то вдали, то прямо над ухом брата, и никогда в жизни не слыхивал брат столь ужасных звуков, столь потрясающего голоса.

— Он был, верно, чревовещатель, — заметил человек с готическим носом, — в самой глубокой древности мы начитываем тому примеры.

— Не знаю, — продолжал капитан, — бывали ли в древности мертвые чревовестники на треножнике оракульском, только едва ли не первому моему брату удалось открыть это качество на глаголе. Он, как я уже имел честь сказать вам, стоял ни жив ни мертв, и звуки с того света лились на него, как холодный дождь на прозябшего путника. Первая мысль, которая ему представилась, была — удалиться, но он не мог тронуться с места: каблуки его будто пустили корни в землю; волею и неволею надо было покориться адской силе, и он, опустя руки по швам, стоял перед повешенным, как виноватый солдат перед ротным своим командиром.

«Слушай, иноземец, что я скажу тебе! — медленно произнес разбойник. — Ты пришел насмехаться над мертвым, но вспомни, что после смерти перестает суд человеческий и наступает суд божий! С той минуты, что я перестал жить как разбойник, ты должен был пожалеть обо мне, как о собрате своем. Впрочем, ты честный человек, и твое сердце лучше твоей головы; небо допускает грешника загладить через тебя одно из вопиющих преступлений, записанных кровью в книге осуждения. Недавно, убив отца одной иностранной девушки, я ограбил все ее достояние, но, что всего важнее, с золотом похитил я и бумаги, без которых она должна скитаться безыменною нищею в чужбине и стать жертвой порока. Все это закопано на том же месте, где-совершено убийство, в ближайшем отсюда леске, под деревом, на котором зарублены два креста; оно девятое по тропинке от входа, и ты легко узнаешь его. Возьми этот заступ, приготовленный для позорной могилы моей, и рой землю на север от пня, в трех шагах расстояния. Но не озирайся назад, что бы тебе ни чудилось, — там найдешь ты роковое сокровище, — и если дорога тебе душа твоя, вручи его несчастной жертве. Завтра в самый полдень жди ее на набережной, и первая женщина, которая встретит тебя с последним ударом часов, — будет она. Дай руку и честное слово на исполнение!»

Тут висельник протянул ему ладонь свою, будто уверенный в согласии.

— Хорошо сказано для разбойника! — произнес москвич.

— А на каком языке говорил он с вашим братцем? — спросил гвардеец, у которого каждая фраза, как скорпионов хвост, непременно загибалась вопросительным крючком.

— Да, в нем говорил нечистый дух, — уверительно примолвил толстый рязанский помещик.

— А черт отличный филолог, — заметил антикварий, — и если б он взялся сочинить всеобщую грамматику, то заставил бы краснеть все академии в свете.

— Я совсем противного мнения, — возразил таинственный человек, — враг человеческого рода не может ни делать, ни желать добра; а этот висельник, напротив, требовал очень доброго дела.

— Но кто вам поручился, что это не искушение, не адская западня? — вскричал артиллерист.

— Я почти уверен, что злые духи разорвут на части почтенного братца господина капитана, — молвил рязанец.

120

— А я так думаю, что он женится или по крайней мере влюбится в облагодетельствованную им девушку, — сказал догадливый сотрудник дамского журнала.

— Если вы, господа, станете беспрестанно перерывать рассказ, то помешаете брату моему и жениться и быть разорвану в клочки! — вскричал рассказчик с нетерпением. — Он, то есть брат мой, стоял в нерешимости — дать или не дать ему слово на такое запутанное дело. Как ни перемешаны были мысли его сверхъестественным этим явлением, однако ж он ясно видел, что возврат золота и документов мог навлечь на него подозрение об участии в злодействе. Юстиция не принимает никаких чудесных откровений после смерти, и свет скорее мог счесть этот поступок уликою совести, чем случаем или чертой благородной решительности. Сердце, однако же, перемогло рассудок.

«Пусть один бог будет моим свидетелем, — сказал он, — что бы со мной ни случилось, я сделаю все для несчастной сироты», — и протянул руку к покойнику.

«Благородный человек», — произнес тот, пожимая руку брата, и в этот раз она показалась ему не столь холодна, как прежде.

Он схватил на плечо заступ и быстрыми шагами пошел к лесу... Вступая в опушку, он оглянулся, и ему почудилось, будто мертвец спрыгнул с виселицы и бежит вслед за ним; но облако налетело на лупу, и брат ничего не мог различить более. Скрепив сердце, шел он по роковой тропинке, и скоро дерево, свидетель убийства и страж добычи, предстало перед глаза его. Мысль, что здесь раздавались напрасные крики о помощи, напрасные мольбы о пощаде и последние стенания зарезанного, мысль, что он попирает стопой место, где злодейски пролилась кровь неповинная, снова взволновала его душу. Воображение рисовало очам ужасную картину... Ему в самом деле мечтались вопли и угрозы борьбы, стон и хрипение смерти. В этом расположении духа принялся он за работу. Холодный пот капал с лица, сердце билось высоко, — и вот адский хохот, дикие свисты и плесканье в ладоши раздались за плечами его. Синие огни вспыхивали там и сям; дерево сыпало на голову брата блеклые листья, и большие камни падали кругом, — он рыл, не оглядываясь. Однако отважность его слабела, разум мутился, голова пошла кругом, — ужас оледенил чувства. Наконец заступ его ударил во что-то твердое, — и в тот же миг с утроенным топотом, криками и плесками нечто тяжелое рухнуло на него внезапно, и он пал бесчувствен в яму, вырытую его руками.

Что с ним сталось после, он не помнит. На одно мгновение, будто сквозь удушающий сон, мечталось ему ржание коней, стук колес, говор людей, — и только. Долго, долго после, по крайней мере через сутки,

121

казалось брату, очнулся он. Была ночь, — но при каком-то слабом свете; щупая и озираясь кругом и припоминая прошлое, с несказанным удивлением уверился он, что лежит на диване, в той же самой комнате норвежского трактира, в которой пировал он с англичанами. За столом, однако, не было уже никого; один огарок едва озарял предметы и дремал, подобно всей природе. Только маятник старинных часов, повторяя свои однозвучные чик-чик, еще заметнее делал безмолвие ночи. Стрелка показывала четверть пятого.

«Хозяин!» — закричал брат мой.

Никто не откликался.

«Хозяин!» — повторил он так громко, что зазвенели окошки, и толстая фигура с зевающим ртом и полуслепленными глазами ввалилась в двери в шлафроке.

«Где англичане?» — был первый вопрос моего брата, и вместо ответа хозяин полез рыться в огромном дедовском комоде, в котором каждый ящик мог бы вмещать по нескольку человек гарнизона; вынул что-то оттуда, хладнокровно снял со свечи, поднес ее к носу моего брата и, сняв колпак, подал ему письмо. Брат мой был человек аккуратный, и как ни егозило любопытство в глазах и пальцах, он раза два оборотил письмо направо и налево, прочел адрес, весьма подробно написанный, потом взглянул на печать, в гербе которой изображен был ползущий лев — верная эмблема воина придворного, и две подковы — знак твердости, но вещь давно изгнанная с паркета. Наконец он вскрыл письмо; в нем написано было: «Сир! мы проиграли заклад; вы не только храбрейший, но и достойнейший человек!

Вестовая пушка грянула, корвета снимается с якоря и не дает нам ни минуты для объяснений. Прощайте! Будьте счастливы и не забывайте людей, которые считают честью быть вашими друзьями».

Внизу была подпись всех собеседников того вечера.

— Понимаю, — сказал человек в зеленом сюртуке, значительно нюхнув табаку, — понимаю.

— Этого нельзя и не понять, — прибавил гвардеец, — братец ваш всю эту историю, или, лучше сказать, всю эту басню, видел во сне.

— Во сне! Неужели во сне? — вскричал таинственный человек, обращаясь с вопросом к рассказчику и боясь, чтобы эта прекрасная повесть о мертвецах не превратилась во что-нибудь естественное.

— Брат мой сначала думал то же самое, — возразил драгунский капитан, — покуда между сгибом письма не нашел банкового билета на сто фунтов стерлингов. Вы, я думаю, согласитесь, господин капитан, что хотя в сновидениях нередко даются нам золотые горы, только они разлетаются в дым от одного мига ресниц; но этот сонный клад преспокойно остался у него в кармане.

— Английская штука, — сказал тогда сосед мой, адъютант, — некоторые из моряков легко могли заскакать вперед и сыграть эту драму; воображение дополнило остальное.

— Милостивый государь, — возразил драгун-наездник, нахмурясь и грозно расправляя усы, — брат мой не говорил мне ничего подобного, и я не думаю, чтобы вы имели причину сомневаться в словах моих.

Нечего было спорить против такой убедительной логики, — и все прикусили язычки, готовые уже на разные замечания, не желая из-за мертвых ссориться с живыми.

— Господа! — сказал артиллерист, закуривая трубку, — мне кажется, справедливо бы каждому рассказать какую-нибудь историю, какой-нибудь анекдот из своей или чужой жизни, — это бы помогло нам коротать другие вечера и заключить сегодняшний.

— И еще справедливее, чтобы вы скрепили этот благой совет своим примером, — возразил гвардеец. — Артиллерия должна издали открыть огонь; мы, пехотинцы, будем прикрывать ее. Капитан, как отличный наездник, завязал дело и навел неприятеля на орудия, — теперь ваша очередь.

— Помилуйте, господа, — отвечал артиллерист, отговариваясь от приглашений, — я, право, не приготовился, я принужден буду стрелять холостыми зарядами.

— Тем лучше, что не готовились, — сказал прокурор, — по первым показаниям и по горячим следам скорей доберешься толку.

— Только что-нибудь необыкновенное, — примолвил человек, похожий на запечатанный Соломонов сосуд.

— В таком случае, господа, — произнес артиллерийский ремонтер, окидывая глазами собрание, между тем как грустная улыбка воспоминания изобразилась на его устах, — я расскажу вам истинное приключение моего дяди в Польше, при начале войны конфедератов. Оно так сильно подействовало на его ум, что он постригся в монахи и умер в Белозерском монастыре.

Таинственный человек вытянулся в нитку; все придвинули стулья.

— Думаю, каждый из вас, господа, — начал артиллерист, — слышал рассказы екатерининских служивых об ужасной варшавской заутрене. Тысячи русских были вырезаны тогда, сонные и безоружные, в домах, которые они полагали дружескими. Заговор веден был с чрезвычайною скрытностью. Тихо, как вода, разливалась враждебная конфедерация около доверчивых земляков наших. Ксендзы тайно проповедовали кровопролитие, но в глаза льстили русским. Вельможные папы вербовали в майонтках своих буйную шляхту, а в городе пили венгерское за здоровье Станислава, которого мы поддерживали на троне. Хозяева точили ножи, — но угощали беспечных гостей, что называется, на убой; одним словом, все, начиная от командующего корпусом генерала Игельстрома до последнего денщика, дремали в гибельной оплошности. Знаком убийства долженствовал быть звон колоколов, призывающих к заутрене на светлое Христово воскресение. В полночь раздались они — и кровь русских полилась рекою. Вооруженная чернь, под предводительством шляхтичей, собиралась в толпы и с грозными кликами устремлялась всюду, где знали и чаяли москалей. Захваченные врасплох, рассеянно, иные в постелях, другие в сборах к празднику, иные на пути к костелам, они не могли ни защищаться, ни бежать и падали под бесславными ударами, проклиная судьбу, что умирают без мести. Некоторые, однако ж, успели схватить ружья и, запершись в комнатах, в амбарах, на чердаках, отстреливались отчаянно; очень редкие успели скрыться.

Счастливцами назваться могли попавшие в плен. По всему городу, из конца в конец, раздавался глухой вопль Посполитого Рушенья, заглушаемый набатом и выстрелами, между коими гремели тревожные перекаты русских барабанов и замолкали вновь, подавленные криком народным. Резня длилась; смерть в разных образах сторожила русских, — и никому не было пощады. Я знал одного отставного солдата, который в ту пору с пятью товарищами мылся в бане; поляки окружили ее, зажгли, заперли и со свирепою радостию слушали их отчаянные крики. К счастью его, обрушился потолок; он вспрыгнул по пылающим стропилам кверху и, полусожженный, кинулся в Вислу, на берегу которой стояла баня. Другой... Но теперь дело не о других. Дядя мой, кирасирский поручик, находился в этом же корпусе бессменным ординарцем при одном из генералов, — и я прошу позволения познакомить вас с моим дядею покороче. Он имел неоцененное счастие родиться в золотой, патриархальный век русского дворянства в степных деревнях Тамбовской губернии. Строгие понуждения Петра Великого, чтобы недоросли учились и служили с малолетства, грянули там громом, — но давно уже минули, подобно страшному сну, и они безбоязненно катались в невежестве как сыр в масле. Едва мальчик рождался на свет, целое вече родных и соседок собиралось к родильнице, и каждый и каждая, отпустив ей по нескольку приветов один другого старее, один другого глупее, клали под подушку по золотой монете на зубок новорожденному. Затем мамка выносила его самого на подушке, красного как рак, и все с важным видом обступали младенца, щупали, обдували и рассматривали его с большим вниманием и, обыкновенно по старшинству или по звонкости

124

женских голосов, решали: будет ли у него руно или перья? В первом случае, когда младенец мог уже ходить на четвереньках, как прилично столбовому дворянину, — его пускали между телятами и барашками научиться кротости и благонравию. В другом — дожидались времени, когда он мог стоять на двух собственных ножках, и тогда курс его воспитания начинался на птичьем дворе с курами и гусями. Этот род домашнего воспитания, столь близкого к простоте природы, с очень неважными переменами, продолжался обыкновенно до тех пор, покуда несколько неугомонных ревнивых мужей, крестьян, не приходили с жалобами на молодого барчонка. Тогда нежная матушка заключала, хотя и весьма неохотно, что ребенку пора учиться, и давай слать гонцов в Москву за азбукою, а в Петербург за патентом на чин гвардии сержанта. Ни дать ни взять, этот же порядок происшествий соблюден был и с возлюбленным моим дядюшкою. Совет чепчиков решил, что в нем орлиная природа, и, вследствие таких примет, пернатое племя было товарищем его детства, и юность его услаждалась дракою с индейскими петухами. Но у ребенка пробился ус, и Амур со стрелой своей, цирюльник с бритвою и приходский дьячок с указкою явились к нему вдруг рушители покоя и беспечности. Книга показалась дяде моему медведем, и это впечатление на юные нервы осталось в нем едва ли не на всю жизнь: от книг он вечно бегал, как бес от ладана, — и мать его уверяла, что одна азбука стоила ей целого воза вяземских пряников для утешения испуганного дитяти. Дитя, однако же, одарено было особенного понятливостию, и в два года прошло до четверных складов; но по верхам, вероятно от застенчивости, и на третьем читал он плоховато. Зато уж письмо далось ему. Но линейкам, начерченным обыкновенно углом гребешка, бегло писал он по палочкам, и, не хвастовски сказать могу, слова его походили на фрунт немножко хмельных солдат; но в позднейшие времена, в службе, он еще более наметал руку, и каждая буква его подписи разгульными своими кудрями походила на завитую в семик березку.

В двадцать два года отец впервые назвал его добрым молодцем, а мать с плачем стала собирать на службу. Как ни хотелось дяде моему посмотреть света, но горьки показались ему слезы разлуки. Мать просила его беречь здоровье, отец велел беречь денежки, и оба крепко-накрепко наказывали поздравлять с праздниками петербургских своих роденек, разумеется чиновных. Покорный сын влез в повозку с твердым намерением не следовать ни одному совету и, в сотовариществе со степенным дядькою, покатил в столицу. Прибытие его в полк, его сержантские подвиги при сиянии финского солнца и при мерцании фонарей, которые нередко бивал он, как враг просвещения, и, наконец, перевод поручиком в один армейский кирасирский полк не принадлежат к нашей истории, и потому я скажу только, что дядя мой стал молодцом в полном смысле слова. По росту и дородству вы бы могли счесть его потомком Сухаревой башни, а сила соразмерна была огромности туловища, — словом, он был достойный богатырь времен суворовских. Вообразите себе, что в одном сражении с турками конь его на ретираде был контужен в передние ноги. Он любил коня как брата и не хотел, имея надежду вылечить, оставить его в добычу неприятеля.

«Бедняжка! — сказал он, — ты не раз вывозил меня из беды неминучей, теперь за мной череда послужить тебе», — и с этим словом, подхватя четвероного товарища под передние лопатки, поволок на себе, между тем как тот переступал задними ногами.

Таким центавром прибыл он ко фронту, и когда офицеры стали удивляться его усилию, он извинялся тем, что протащил не более полуверсты. Впрочем, дядя мой, славный уже рубака на войне, был лихой товарищ и в обществе. Охотник пошутить и посмеяться, он не был лишним ни за бутылкой, ни подле женщин. Природа не обидела его даром слова, а столица весьма и весьма округлила в обращении. Вероятно, эти качества доставили ему место бессменного ординарца, и, кажется, ни генерал, ни генеральша не имели причин в том раскаиваться. Варшава, со своим венгерским вином и милыми польками, показалась ему настоящим земным раем: его жизнь плавала там в океане меду, — но гроза невидимо собиралась над русскими и грянула ужасно. Судьба судила, однако ж, дяде моему погибнуть не в Варшаве. Он, на страстной неделе, отправлен был с важными депешами в Литву и, удачно выполнив свое поручение, повольно возвращался в главную квартиру, ничего не зная, не ведая. На другой день светлого праздника он уже находился верстах в полутораста от Варшавы, поспешая навстречу погибели. У худых вестей долгие ноги, и если б дядя мой был более догадлив или менее доверчив, то легко мог бы заметить, что в народе происходит необыкновенное волнение. Но он, по обычаю всех русских курьеров, просыпался только побраниться на станции, выпить рюмку старой вудки у жида и снова залечь в плетеную бричку, лишь по временам покрикивая: «пошел!» и пересыпая это увещание перцем весьма выразительных русских междометий, разнообразие которых неоспоримо доказывает древность и богатство нашего языка, хотя их нельзя отыскать в академическом словаре. На облучок с пим садился вахмистр того же кирасирского полка, Иван Зарубаев, удалец не хуже моего дяди. Он был у него квартермистр, казначей, камердинер и телохранитель вместе; и сомнение ли поляков об удаче варшавской заутрени или робость при виде двух великанов, вооруженных с ног до пояса, — только, несмотря на косые взгляды и проклятия, проценные сквозь зубы, им до сих пор везде давали лошадей, и нагайка Зарубаева, гуляющая без лицеприятия по спинам четвероногих и двуногих служителей почт, доставляла путникам очень скорую езду. Зарубаев, однако, видя необычайное столпление шляхты, которая, заломав шапки и засунув руки за пояс, гордо волочила за собой ржавые сабли, явно браня русских и с хвастливым видом угрожая искрошить их на табак, счел за нужное отрапортовать о том поручику.

«Ваше благородие, — сказал он, вытянувшись сколько мог, половиною тела, на облучке, — поляки затевают что-то недоброе, они грызутся на нас, как волки на собак. Во многих деревнях, я видел, насаживают косы на ратовища и привязывают флюгарки к вилам; шляхта чистит дробовики и сабли, — вон, изволите ли видеть, нам перескакали дорогу человек пять с пиками? Это неспроста!»

«В самом деле, Зарубаев, — отвечал мой дядя, — я и сам заметил, что поляки стали с нами горды, как трехбунчужные паши, и вместо прежнего падам до ног готовы взлезть на шею, — далеко, брат, кулику до Петрова дня! А что, есть ли у нас, Иван, Адамовы слезы?»

«Как не быть, ваше благородие! — отвечал вахмистр, открывая пробку оплетенной фляги, которая висела у него через плечо. — Я всякий день насыпаю на полку свежего пороху».

«Так не о чем и горевать, — сказал мой дядя, потягивая душеспасительный травник, — покуда у русского солдата есть чарка в голове, сахар в кармане и железо в руках, — ему нечего бояться. Пошел!»

В этих миролюбивых мыслях прикатили они к следующей станции.

Шумный круг теснился у крыльца почтового дома; с него сухощавый поляк, — вероятно, эконом фольварка, весьма похожий на тощую фараонову корову, которая проглотила тучную, не став оттого сытнее, — что-то с жаром проповедовал, и грозные клики: «Вырзнонць, вырзнонць![279]» вместе с шапками летели на воздух.

«Лошадей!» — закричал Зарубаев, между тем как ропот: «Москаль, москаль!» раздавался кругом.

«Тройку из курьерских, по указу ее императорского величества», — сказал мой дядя, швырнув подорожную в нос эконома.

«Тым горжей[280], — гордо возразил тот, — коней не ма».

«Как не ма? для курьера не ма? Хоть роди, да подай! — вскричал, вспыхнув, мой дядя. — Или я тебя самого впрягу в хомут, тюленья харя!»

Между тем поляки сжимали круг ближе и ближе, и о каждой минутой угрозы их становились дерзостнее, поступки бесчиннее.

«Схватить их, связать их!» — кричали одни.

---

[279] Вырезать их, вырезать! (Пер. автора.)
[280] Тем хуже. (Пер. автора.)

«Убить, убить! — ревели другие. — Им одним скучно будет в Польше, отправьте их гонцами к свату их, сатане!» — и тому подобные любезности.

«Не пустить ли, ваше благородие, шутиху в зубы этой челяди? — спросил Зарубаев у дяди. — Пистолеты у меня заряжены картечью; или по крайней мере позвольте поработать палашом, — ему, бедняге, душно в ножнах».

Но дядя мой имел благоразумие запретить вахмистру наступательные действия и дал знак держать только оружие наготове.

«Завладей сперва бричкою этого шляхтича», — потихоньку сказал он Зарубаеву, и тот вмиг исполнил фланговое движение к бричке. Тогда дядя мой решился, — медлить было нечего. Толпа готовилась задавить их множеством; самые хвастливые из шляхтичей обнажили уже клинки свои и, гарцуя над головою дяди, то подносили концы их к носу его, заставляя нюхать старопольскую славу, то втыкали их в землю, то потачивали на колесе. Это вывело его из терпения; он сверкнул глазами и палашом скомандовал Зарубаеву: укороти поводья! — схватил за ворот сухощавого поляка и, между тем как тот кричал: «Злапайце те-го дурня![281]» — бросил его под мышку, как зонтик, и потащил, задушая, к бричке. Вскочить в нее, встащить за собой пленника и крикнуть Зарубаеву: «Катай по всем!» было дело двух мигов. Зарубаев, который, выставя из-за края брички, как из-за бруствера, пару седельных пистолетов, грозился дотоле на каждую пулю пронизать по крайней мере по три души, не дожидался повторения, и бич свистнул над конями.

«Слушай, пане экономе! — сказал дядя пленнику, ласково сжимая ворот его при каждой запятой. — Объяви этой сволочи, что если хоть один кинет в меня камнем, или выстрелит, или станет преследовать, то я не иначе явлюсь в Тартаре, как верхом на тебе!»

При окончании этого родительского увещания он так давнул бедного шляхтича, что тот заревел, как Фаларидов бык, и ради всех святых стал умолять бегущую сзади громаду не трогать русских, щадя его. Долго еще им слышались брань и проклятия раздраженной черни, у которой ускользнула из рук верная добыча; но повозка летела, и треть дороги была уже за ними, когда звук набата в селе, впереди на дороге лежащем, принудил их остановиться. Ехать назад было бы безрассудно, вперед еще опаснее, — что тут прикажете делать? Дядя призадумался, спросил Адамовых слез, которые были у него вроде карманного вдохновения во всех чрезвычайных случаях жизни… потом приложил палец ко лбу, как

---

[281] Схватите этого сумасброда! (Пер. автора.)

будто для извлечения электрической искры ума, и снова ухватил шляхтича за ворот.

«Слушай, ты, вавилонская лихорадка, — сказал он ему, — веди меня окольными дорогами не слишком близко к большой дороге и недалеко забираясь в сторону. Если же ты задумаешь бежать или, чего божо сохрани, завести меня в западню, то я впущу тебе в брюхо такую ягоду, что она не сварится в нем до Страшного суда, хотя бы желудок твой был крепче, нежели у страуса. Зарубаев! отдай ему вожжи и держи за кушак, и чуть он покривит душой или зашевелит усами, спусти гончую собаку. Понимаешь?»

И трепещущий поляк понял это весьма хорошо, взлез на козлы, своротил вправо, и путники наши скоро выехали на какую-то проселочную дорогу.

Мы не удивимся поведению дяди в таком необходимом случае, где он действовал уже в отместку за обиду и по чувству самосохранения; но, впрочем, он, подобно всем военным того времени, без всякой нужды готов был на такие же выходки. Их век был веком, в который люди угнетали других людей во всей невинности сердца; тогдашний дворянин крепко веровал, что бог создал для него только девять заповедей, а десятую отдал ему в бенефис, что крестьяне суть животные и что спины их необходимо требуют побоев, лбы рогов, а карманы просевки, и если они ропщут, то, верно, по глупости или от непривычки. Солдат в свою очередь почитал себя тоже привилегированным существом. Следуя примеру старших, он приходил на квартиру как в завоеванный приступом город, — и мужик, вчерашний товарищ его, бог знает почему, становился его вассалом. В целой деревне мальчики прятались за углы и собаки, поджав хвост, влезали в подворотню, когда старый служивый совершал по улице свое торжественное шествие из кружала, и он, свертывая голову курице или паля краденого поросенка, бывало, приговаривал: «за матушку за царицу, за святую Русь», в полной уверенности, что этому не должно быть иначе. Мы еще застали образчики солдатского молодечества на постоях, но это была уже одна тень золотого века, о котором вздыхают отставные усачи, говоря: «То-то было времечко! Пришел ли на квартиры, все твое — и куры и жены; офицеры пьют да бьют исправников, а мы свозим стога сена и щиплем бороды неугомонным; ведро вина для квитанции, и — все шито да крыто… Что за ябеда на слуг государевых? Бывало, что день — то масленица. На Руси кантуй как в земле неприятельской, а у союзников — как на Руси!» Мудрено ли же, правду сказать, что с такою политикою между нашими гренадерами поляки не слишком рады были незваным гостям?

Между тем, господа, бричка катилась, солнце садилось, и дядя мой, стягивая патронташ с пистолетами, очень умильно поглядывал в обе стороны, не увидит ли где деревушку для взыскания с нее контрибуций в пользу тощего своего желудка. Вместо деревни, однако же, увидел он столб пыли по дороге, которая тихо вилась к ним навстречу. Они расслышали хлопанье бича и дребезжание досочек, и винтов, и цепей какой-то повозки, — и вот пыль расступилась: целый цуг коней в высоких хомутах с веющими по ним флюгерами, кистями и бляхами тащил старинную низкоходную карету. Верх у ней был сквозной, и кожаные завесы, заменяющие наши стекла, подвязаны к столбикам. Внутри, на горе из подушек и всякой рухляди, лежал, преважно растянувшись, какой-то вельможный пан, покручивая усы для препровождения времени.

«Долой с дороги!» — кричал Зарубаев.

«Вправо или стопчу!» — был ответ польского кучера, и между тем оба катили прямо друг на друга, не уступая места, как добрые дипломаты.

«Кеды москаль пщель не звруци з дроги, — паль го в леб з бича![282]»— закричал вознице своему гордый пан, которому и самая степь киргиз-кайсаков показалась бы узка при встрече; но кони уже сгрянулись, дышла затрещали, колесо пополам, и обе повозки полетели вверх копылками. Между тем как ездовые хлестались и кони храпели под тяжестию кузова или запутанные в упряж, дядя мой, который выходил из себя от одного грубого слова, бежал к нему в бешенстве от обидного привета, обнажив свой шестипядный палашище и обещая сделать из него двуглавого орла. Но пан уже успел выбиться из-под перин и ящиков и с саблей в руке ожидал нападения. Разумеется, ни один из них не скупился на удары, и между тем искры сыпались с клинков, брань летела с языков и удвояла запальчивость обоих. Дядя мой кричал, что он допытается, чем подбита польская кожа, а пан ревел, что он отрубит русский нос на завтрак своему пуделю; и в самом деле противник был лихой рубака и дважды уже задел его по локтю, между тем как дядя косил направо и налево без всякого разбора. Счастье, однако, лучше уменья, — и дядя мой, рубнув с плеча, раздробил саблю, которая была уже на дороге короткого знакомства с его носом, и так стукнул противника в лоб рукояткою, что он рухнул в крови, не успев ахнуть. Нажив новую беду на руки, любезный дядюшка мой спешил ретироваться, покуда слуги суетились около вельможного. На беду пленный шляхтич, пользуясь замешательством, ударил до старого замка, то есть до лесу, а Зарубаев, потирая бока, докладывал, что он не знает дороги.

---

[282] Если русский не своротит с дороги, то катай его бичом в лоб! (Пер. автора.)

«Ступай куда глаза глядят!» — был приказ, а нагайка взвилась опять над бегунами.

Скоро потеряли они из виду место побоища, и солнце юркнуло за горизонт, будто только и ждало конца славных подвигов. Среди врагов, в местах незнакомых, в темную ночь — не слишком весело хоть какому рыцарю; но, что хуже всего, дядя мой чувствовал тогда страсть ужаснейшую всех прочих, ибо она не знает забвения, ни примирения и убивает в три дня, — страсть, которую в просторечии называют голодом! Вообразите же себе его радость, когда, обогнув лесок, он увидел невдалеке перед собою старинный польский замок и в окошках его освещение, достойное святой недели, которая в Польше есть настоящий праздник гостеприимства. Подъезжая ближе, он с изумлением заметил, что просека, ведущая ко въезду, заросла уже мелким березняком. Ограда во многих местах была осыпана, гнилые ворота лежали у верей в крапиве, весь двор заглох дикими растениями, и самый палац разрушен по оконечностям; одним словом, все доказывало давнее запустение и необитаемость. Это поразило Зарубаева, и он сдержал коней.

«Ваше благородие! — сказал он, крестясь, — тут нечисто! В этих брошенных палатах могут стоять на постое только злые духи. По всему заметно, что здесь лет сорок не бывало живой души, а теперь в них говор, шум и пенье. Если б сюда съехались крещеные люди, так были бы кони и повозки, — ведь одни киевские ведьмы летают на помеле. Не лучше ли, ваше благородие, переночевать в поле, а то не вынесем мы своих косточек!»

«Пошел хоть к самому сатане! — сердито закричал мой дядя. — Крестом или пестом у чертей и у людей можно всего добыть, и я так голоден, что готов вырвать ужин из пасти у медведя!»

Мигом перекатили они широкий двор, и дядя мой в сопровождении Зарубаева, который ни за что в свете не хотел остаться один, пустился ощупью отыскивать вход в залу, откуда неслись громкие голоса. Взбежав по полуразвалившейся лестнице во второй этаж, не без опасности сломить себе шею, в передней, наскоро превращенной в буфет, встретил он толпу суетливых слуг. Все они были в охотничьих платьях и, споря наперехват, кто услужит хуже, готовились нести ужин. Несколько свор и смычков собак лежали и прогуливались попарно, в ожидании добычи или подачки, и дядя заметил одного лакея, который тер блюдо хвостом борзой, между тем как она, ворча, грызла заячью косточку. Запах кушанья заставил его удвоить шаги — и вот он посреди залы, между множеством польских панов и дам, и в недоумении, к кому обратить слово.

Появление русского латника исполинского роста, косой сажени в плечах, вооруженного с головы до шпор, в перчатках с раструбами по локоть, в сапожищах с крагами до полубедра и в суперверсе[283] на груди с огромным орлом, что делало его весьма похожим на странствующий пограничный столб Московской губернии, а далее за ним, на благородном расстоянии, точно такая же фигура, ласкающая рукой эфес палаша, — изумили и даже испугали собрание. С беспокойством поглядывали поляки, нейдут ли вслед за этим передовым корпусом другие с примкнутыыи штыками, затем, что время и место их сбора недаром могли казаться подозрительными. Наконец дядя мой, выбрав пана, у которого гордее всех была осанка, длиннее прочих усы и богаче пояс, изъяснился как мог, что он русский курьер, сбился с дороги и, зная польское гостеприимство, просит теперь хлеба-соли для себя и потом коней для службы государевой. К этому он придал глупость самого большого калибра: назвался племянником главнокомандующего — ложь, которая бывала ему доселе очень удачна для получения подвод, хороших ночлегов, и угождений, и угощений.

«А-а! — сказал вельможный, потирая руки, — милости просим! Мы весьма рады папу племяннику главнокомандующего».

Эта новость обтекла в одно мгновение ока вокруг залы, и все, наиболее дамы, столпились около дяди моего, измеряя его глазами, как страсбургскую колокольню.

«Но позвольте спросить, где ваша подорожная?» — спросил ласково хозяин.

«Вот здесь», — отвечал дядя мой, опустив руку в лосиные панталоны и вытаскивая трехпечатный лист.

Взглянув на него, поляки успокоились, веселость возвратилась, и, рады не рады нежданному гостю, усадили, однако ж, его за стол рядом с очень милою дамою, и все беды, все страхи исчезли из головы моего дяди точно так же, как яства с его тарелки, а вино из серебряной стопы, в которую лукавый сосед не уставал подливать беспрестанно. Успокоив первые вопли желудка, дядя пустил глаза на волю. В самом деле, все, что ни окружало его, вовсе не походило на вещи здешнего мира: огромная зала, расписанная плесенью al fresco[284], грозила падением, потолок был выпучен волнами, карнизы, украшенные паутиной, начинали обваливаться, и выбитые окна на этот вечер завешены были коврами, попонами, даже плащами охотников. Только на столе стояло несколько

---

[283] При императрице Екатерине II гвардейские кирасиры носили, во внутренний караул, суконное подобие кираса, с золотым шитым орлом; это-то называлось суперверсом. Во время рыцарства он надевался на латы, как чехол. (прим. автора)
[284] В манере фрески (ит.)

подсвечников, но по стенам воткнуты были охотничьи ножи и на них пылали факелы. На одной из стен висел ряд фамильных портретов, мужчин и женщин попеременно: это безмолвная летопись ничтожности человеческой. Краснощекие красавицы, перетянутые, как муравей, и обвешанные рядами кружев, на высоких золоченых каблуках, нежно косили глазки на букет чудесных цветов с серебряными листиками, наверно подарок женихов, потому что в старину девушки принимали подарки только от женихов. Усатые, бритоголовые паны с длинным чубом на маковке, иные в латах, грозно держась за саблю, другие в расшитых кафтанах и кунтушах, миролюбиво размещая пальцы по квартирам между алмазных пуговиц, беспечною своею физиономией) и двойным подбородком невольно возбуждали аппетит, и дядя очень остроумно заметил, что старики не без намерения вешали портреты свои в столовых: любя попировать в жизни, они и по смерти давали потомкам охоту к тому же. В мебелях представлялись остовы многих веков от самого потопа. Там широкие кресла протягивали одну ручку, будто прося милостыни, между тем как на вышитой спинке трепетались лоскутки прежнего величия. Там долговязый точеный стул качался на трех ножках, потеряв остальную в каком-нибудь домашнем сражении, и все они, разного роста, цвета и вида, на утиных и кривых собачьих ножках, с высокими и низкими задниками, под блеклой позолотой или из дуба, источенного червями, казалось, сбежались туда со всех чердаков, как на толкучий рынок или в инвалидный дом заслуженных утварей. Сбор гостей был не менее чудесен: они казались живыми списками висящих по стенам портретов, и все покрои платьев, начиная от короля Ляшка Белого, имели на них свое место. Многие молодые люди носили, однако ж, завитые волосы, и французские шитые жилеты сверкали из-под их двурукавных кунтушей. Хозяин, видя, что дядя мой изумляется, окидывая глазами гостей, и комнату, и уборы, поспешил успокоить на этот счет его любопытство.

«Не дивитесь, любезный ротмистр, — сказал он (поляки любят производить в чины), — что видите нас в этих развалившихся стенах. Травя сегодня с соседами медведя, я избрал этот давно уже покинутый палац местом отдыха после охоты, по близости его к лесу, где мы полевали. Не дивитесь и тому, что прекрасное это здание заброшено в пользу нетопырей; я расскажу вам о том историю.

Надобно вам сказать, что полвека тому назад дом этот сиял как алмаз и был как полная чаша. Им владел тогда граф Фелициан Глемба, родственник мой по женской линии, человек страх богатый деньгами, но еще более прихотями и страстями. Он был женат на единственной наследнице дома Тарлов, женщине очень умной и прекрасной, но, по обычаю всех славянских жен, чрезвычайно своенравной и повелительной. Чтобы рассеяться немножко от домашнего благополучия, он уехал за границу, обрыскал всю Европу, дурачился везде как нельзя более, влюблялся по пяти раз на день, дрался на поединках без счету и, наконец, истощив наличные деньги и здоровье, воротился домой с новыми долгами и застарелыми пороками. Несколько лет после того протекло довольно тихо, потому что жена была ревнива — равно к его сердцу и карману — и держала молодца, что называется, в ежовых перчатках, — и он вообще боялся ее больше всего на свете.

Вот в одну осеннюю ночь какой-то всадник прискакал на вороном коне к воротам замка и просил ночлега, уверяя, что он имеет сообщить графу весьма важные вещи. Разумеется, велено просить гостя к ужину, и граф с удивлением заметил в чертах незнакомца что-то очень знакомое; но как путешествия и связи его были обширны, то он никак не мог припомнить, где он его видел. Неизвестный ел мало, говорил еще менее, поглядывал на графа исподлобья так мрачно, что у него сжималось сердце, и, наконец, для открытия тайны, просил особого свидания. Ему назначили для ночлега дубовую комнату, и через полчаса явился туда и Глемба. Нельзя описать внезапный страх его, когда вместо незнакомого мужчины он нашел слишком знакомую ему женщину, синьору Бианку Менотти, которую обольстил он, увез от отца, тайно женился на ней и потом бросил, и забыл в каком-то немецком городе. Она, как водится, плакала, укоряла и, наконец, объявила, что если он не признает ее за жену свою, то, не могли утешаться его любовью, она найдет отраду в мести, что она итальянка и знает средство обнародовать его вероломные и беззаконные поступки, что она не пожалеет даже пролить кровь или отравить изменника, для которого забыла она невинность, дом отеческий, родину и родных и долгие лета разлуки скиталась в чужбине без имени и пристанища. Граф притворился, будто разнежился до слез, и, трепеща, чтобы его не подслушали, дал Иудин поцелуй примирения обманутой итальянке. Все, все обещал он: развестись с первою женою, признать ее, любить верно и горячо, и между тем как Бианка всему верила (влюбленное сердце так доверчиво), он вращал в голове кровавые замыслы: сжить с рук опасного свидетеля и увядшую, постылую любовницу. Медлить было невозможно; он страшился ревности настоящей супруги более ада, — и скоро созрел губительный умысел в душе порочной. Ласками усыпил оп легковерную; потихоньку оторвал от оконного переплета листок свинцу, растопил его на свече в серебряной ложке и приблизился к сонной жертве своей. Руки его дрожали, совесть громко вопияла: «Удержись!» — по страх позора, но боязнь преследований итальянки и вечных укоров жены перемогли все: кипящий свинец канул в ухо Бианки, и жизнь ее прервалась одним вздохом.

Совершив злодеяние, граф позвал ловчего, всегдашнего поверенного его проказ; вместе с ним выбросили труп за окно и зарыли тут же под деревом. На другой день оп сказал жене, что это был обманщик, хотевший выманить у него денег, и, получив отказ, оп убрался до свету. Никто и не думал заботиться о человеке, который так же скрытно уехал, как прибыл; одним словом, все, кажется, было улажено, — и концы в воду; по кровь не смывается ничем. Каждую полночь стали мечтаться графу привидения; бессонница высосала его; совесть преследовала повсюду. Уверяли, впрочем, будто и всем домашним чудилась женщина в белом платье, с распущенными волосами: она медленно выходила из дубовой комнаты, пробегала весь замок и, встретив графа, грозила ему перстом, указывала на небо и потом исчезала. Гонимый раскаянием, терзаемый призраками, Глемба вдруг покинул дом этот, вскоре заболел горячкою, высказал в бреду ужасные подробности преступления — и умер.

С той поры на замок легла печать отвержения. Село, бывшее вблизи, рассеялось, дороги поросли кустарником, и доселе так еще сильно поверье, будто здесь живут духи и прогуливаются мертвецы, что дровосек, не ждя вечера, выезжает домой из окрестностей и охотник, хотя бы ему попался пестрый зубр, не погонится за ним под ночь в соседние кущи. Мы, однако же, надеясь на учтивость привидений, решились попировать здесь после подвигов травли и повторяем, пане ротмистже, весьма рады случаю, что вы вместо пустых стен нашли здесь сытный стол, вместо бледных покойников — краснощеких весельчаков, готовых пить и любить… от пана до пана!»

Между собеседниками пошли разные толки: кто улыбался, кто морщился, однако все стали поговаривать, что пора ехать. Но заздравные кубки кружилися, и все тайны всплывали на верх вина, как масло, мало-помалу. Дядя мой плохо понимал по-польски и вовсе не разумел по-латыни, но и он заметил нечто неприязненное к имени русских. Толковали о всеобщем восстании в Варшаве, о том, что везде исполняется то же. Взоры гостей сверкали, восклицания становились шумнее и воинственнее; наконец тост: «Pereat Stanislas, pereat Moscovia![285]» загремел так, что дрогнули стены. Многие вскочили, другие пили, стуча саблями о стол, хрусталь летел на пол, — и дядя мой, пе понимая ни крошки, подтянул хору и, во всей чистоте души, осушил стопу свою.

В промежутках между чарами он не забывал, однако ж, своей соседки: смешил ее, ломая польский язык, без милости, забавляя

---

[285] Да сгинет Станислав, да сгинет Москва! (лат.)

рассказами о России, льстил как умел, — и ему казалось, что ему отвечают. Вкусы у женщин причудливы, и недурной мужчина двух аршин и двенадцати вершков роста имеет свои достоинства, будь он латыш, пе только русский; политические же распри не входят в расчет женских склонностей, — на этом пункте они истинные космополиты, — и пана племянника главнокомандующего нашли бардзо пршиемным! Ободренный огневыми взорами милой польки и переполненный через край любовью и венгерским, дядя мой решился на объяснение. Должно полагать, что его речь была подобие Цицероновой «Pro Miloųe²⁸⁶»; он сам был очень растроган, ибо первый почувствовал силу собственного красноречия, и в самой средине изъяснения, желая вздохнуть, — зевнул до ушей, нежно взглянул на прекрасную вполглаза — и заснул богатырским сном.

Судя по высоте месяца, было за полночь, когда он пробудился; в ушах его звенел еще говор ужина, — но, открыв глаза, он чрезвычайно удивился, видя, что сидит один-одинехонек. Все было кругом в мертвом молчании; гости исчезли и никакого следа пирушки, кроме обнаженного стола и опрокинутых стульев! Дядя мой не раз протирал глаза, щупая себя за желудок и щипля за ухо, чтобы увериться, точно ли он испытал все ото во сне. И все-таки сомнение не покидало его. Зачем поляки были здесь и куда девались, не разбудя его? Люди были это или злые духи изволили забавляться над ним? И ежели злые духи, подумал дядя, то неужели разлетелись они от пения жареного петуха, которого не успел он начать? Предполагать же петухов живых никак нельзя было в окрестности. Полный месяц ясно светил в полые окна, и морозный ветерок, чтобы не сказать — дума о мертвецах, русалках и домовых, которыми набожно набивали его голову с малолетства, заставили героя пожаться: ему вовсе не было охоты провести ночь в этом чертовом решете. Мурашки бегали по ретивому, да и портреты поляков, которые за час он находил так миловидными, хмурили брови, сторожили его страшными глазами и, колеблемые ветром, казалось, хотели выпрыгнуть из рам и разделаться с незваным посетителем по-свойски.

Найдя свой плащ в углу и завертываясь в него, он заметил, что при нем нет уже ни палаша, ни пистолетов. Эта потеря поразила его как гром; без оружия он вовсе опустил крылья и опрометью кинулся к выходу, трепеща звука собственных шпор. Первый шаг за дверь — и дядя мой был уже на полу, запнувшись за какое-то мертвое тело, — но ужас его дошел до неимоверной степени, когда в нем он узнал Зарубаева, исколотого и плавающего в крови. Верный служивый был еще жив; он распознал своего

---

²⁸⁶ «В защиту Милона» (лат.)

поручика, собрал последние силы, приподнялся на локоть и через два слова в третье рассказал ему, что он не покидал во все время ужина своего поста у дверей, видел, как заснул дядя мой, слышал, как поляки хотели связать и с торжеством везти в Варшаву племянника главнокомандующего; но хозяин настаивал, что он берет его к себе на поруки и что стыдно платить унижением человеку, пришедшему просить гостеприимства. На беду прискакал шляхтич с вестью к одному из вельможных, что родной брат его умирает, раненный в пути русским курьером, и, узнав их обоих, указал как на убийц и разбойников. Тогда хмельные-паны разъярились, и, несмотря на все увещания доброго хозяина, сабли засверкали над головою сонного дяди. Зарубаев кинулся защищать его, спустил курок по одному и саблей сбил еще двоих, но был в минуту изрублен сотнею клинков и, падая, видел, как распахнулись на другом конце залы заколоченные двери — и вышла женщина в белом платье, бледная как смерть... Завидя ее, поляки стихли, сабли опустились, и все кинулись вон, давя друг друга, побросались на коней и ускакали, восклицая: «Фантом, фантом!» После этого он потерял память.

«И теперь умираю молодцом, — прибавил Зарубаев, силясь перекреститься, — солдату всегда пора умереть, а тому и подавно кстати, кто выкупил свою душу парою вражеских; у меня же ни роду, ни племени! Велите, ваше благородие, отслужить только по мне панихиду, и пусть товарищи выпьют за мою грешную душу на поминках, — деньги в артели!»

С этим словом он упал, вытянулся в последний раз по-солдатски, — и баста. Дядя ждал, не очнется ли добрый товарищ, но труп холодел постепенно; и он, уронив пару слез на убитого, удалился искать себе приюта и безопасности. Смущен сердцем и не видя ничего в темноте, он никак не мог найти выходу: из коридора попадал он в комнату, из ряда комнат в сени, оттуда на лестницу, там на другую, — это его утомило. Он бросился в первую встречную горницу и, найдя там древнюю запыленную кровать, растянулся на ней, жмуря глаза, с твердою решимостью заснуть до света; но сон бежал от глаз дяди: труп Зарубаева и рассказы о белом привидении неотступно ходили кругом. Для развлечения он стал рассматривать комнату чудного своего ночлега.

Она вся убрана была дубом под тяжелою резьбою; высокие панели и широкие наличники, на коих хитро сплетались фантастические головы зверей, птиц и людей, долго занимали его. Казалось, под каждой рамкой скрывался шарнир, готовый повернуться и выпустить из-за себя какое-нибудь привидение или по крайней мере убийцу. Разбитое зеркало, тусклое от дождей, будто манило мертвецов поглядеться в себя. Старая дверь скрипела так жалобно, так заунывно, словно оплакивала своего жильца, и лестница, едва озаренная луною, казалось, вела прямо в преисподнюю. К этому же сырые стены пахли могилой, и флюгер, качаясь на ржавом стержне, царапал дядю по сердцу; ему стало жарко и холодно, когда он вспомнил, что это должна быть роковая дубовая комната и на кровати, на которой лежал он, умерла несчастная Бианка! При этой мысли он вздернул плащ себе на голову, но обнажил ноги; потом, желая обернуть ноги, обнажил плечи, и, наконец, после многих перемен одного и того же, проклиная портных, он свернулся в крендель, под епанчою, и таким образом, герметически закупоренный от влияния духов, заснул, потея как губка.

Вино и молодость, подобно пружине, уступают на миг силе, но потом разыгрываются по-прежнему. Вино и молодость забушевали опять в сердце моего дяди, хотя он находился в тех же тисках. Ему снилось, будто он еще за столом и прелестная соседка шепчет ему: «В дубовой комнате, в полночь!» — и палец таинственно сомкнул милые уста… И вот он на пыльной кровати, ждет-пождет красавицу… Ему дремлется, — тяжкий сон клонит к подушке. Но вот скрипнули половицы под легкою ножкою… Кто-то смотрит ему в очи; жаркое прерывное дыхание горит на его щеке, с биением сердца простирает он руки… и тут проснулся в самом деле. И в самом деле, рядом с ним лежала прекрасная полька и при закрытой туманом лупе спала крепким сном. Голова пошла вальсировать у моего дяди, сердце вскипело, как неудержимая пена шампанского, — он невзвидел света от восторга!..

Когда рассеялся чад упоения, облако сбежало с месяца, и он как день озарил всю комнату. Красавица лежала в томном забытьи; дядя мой снова взглянул на нее, и волосы его стали дыбом, мороз проник в самое сердце костей — это была женщина-мертвец!!

Могильная бледность заменяла на щеках ее румянец жизни, кровь не двигалась в жилах, дыханье не вздымало груди, и страшны были синеющие глаза ее без зрачков, — так по крайней мере предполагал дядя, потому что они были закрыты. Он уверял даже, что собственным своим носом чувствовал, как от нее пахло гробовой доскою, — и я верю ему тем более, что он клялся только за картами. Как бы то ни было, господа, я сам согласился бы скорее жарить ручные гранаты наместо каштанов, чем разделять ложе с выходцем того света! И бедный дядя мой, молясь всем угодникам, желал бы спрятаться в свой карман, если бы это было возможно.

Но вот скелет поднялся с кровати; говорю — скелет, потому что дядя мой очень явственно слышал бряканье косточек, вероятно собранных на проволоке, и на месяце белое платье ее сквозило, будто надетое на вешалку. Женщина-скелет подошла к окну, закрыла себе лицо рукою, будто стыдясь чего-то, потом потерла себя по лбу, словно рассуждая, из чего мой дядя заключил, что у жителей могил точно такие же телодвижения, как и по сию сторону гроба. Потом она приблизилась к дяде, и тот, воображая, что она начнет его грызть для препровождения времени, закрыл глаза и предался на божию волю. Привидение удовольствовалось, однако ж, одним поцелуем, — и дядя клялся, что с той поры щека эта стала у него отмерзать при самом обыкновенном холоде. Потом она дала знак рукою за нею последовать, и, как осужденный, побрел оп вслед за белым привидением. Сошли с лестницы, прошли темный переход, и ему мнилось уж, что оборотень заведет его в какой-нибудь погреб и оставит в глубине на съедение мышам, как польского короля Попела. Долго не мог он отвести души, вышедши и на свежий воздух; однако же ободрился, увидя, что вожатая вовсе не хотела ему зла; он готов уже был с нею раскланяться, когда она стала говорить ему гробовым голосом. Дядя мой не знал, по несчастью, ни одного чернокнижного наречия и потому стоял перед нею выпуча глаза. Видя, что он ничего не понимает, она указала ему дорожку влево, послала прощальный поцелуй рукою и исчезла в воздухе, оставя после себя серный запах, как ракета. Дядя отдохнул, перекрестился обеими руками и побрел далее, мыкать горе, пе зная где пройти и куда выйти. Не удалился еще он двухсот шагов от замка, как ему послышались крики и потом погоня, и скоро заблистали огни по окнам. В ту же самую минуту человек дикого вида, в зеленой куртке, с огромным ножом на поясе, с двухствольным ружьем на плече и с легавою собакою у ног, заступил ему дорогу.

«Кто ты? — спросил изумившийся дядя. — Друг или недруг?»

«Доверься мне, и ты узнаешь, — отвечал угрюмый незнакомец. — Взгляни туда, — тебя ищут, назади верная гибель; впереди — сомнительная опасность. Следуй за мною!»

И, не дожидаясь ответа, врезался в обнаженную от листьев чащу.

Дядя мой шел следом, собака бегала кругом, заменяя патрули и ведеты. Давно уже закатился месяц, и кирасир наш, в тяжелых ботфорах, перелезая через пни, бродясь через речки, едва тащил ноги свои и пыхтел как волынка. Незнакомец отрывисто отвечал на вопросы и скоро шел далее и далее. Наконец собака залаяла… Лес стал редеть, — и вот увидели они на поляне потухающие огни биваков. Но русские то или поляки? — вот задача!.. Встретиться с последними — значило попасть из огня в полымя… а провожатый что-то очень подозрителен!..

«Кто идет?» — раздалось в цепи, и человек в зеленой куртке, сжав по-дружески руку спасенному им дяде, скрылся в лесу, не слушая никаких благодарений.

«Кто идет? Говори, или убью!» — закричал часовой вторично, и слышно было, как он ударил ружьем в руку, прицеливаясь.

«Русский, ей-богу, русский!» — отвечал дядя мой, и казачий объезд наскакал на него, воображая, что поляки покушаются на ночную атаку.

Можете вообразить себе радость, когда увиделся он с земляками и со знакомыми! Отрядом командовал подполковник Тучков. Великодушие полек спасло жизнь многим русским офицерам; любовь спасла артиллерийскую роту Тучкова. Одна шляхтянка любила страстно фейерверкера этой роты, известила его об опасности, тот кинулся к начальнику. Тучков в ту же минуту ударил сбор и, присоединяя к себе рассеянные побоищем кучки, успел уйти из окрестностей Варшавы, беспрестанно сражаясь и беспрестанно отстреливаясь. Тут, господа, кончатся похождения моего дяди; случаи войны не принадлежат к нему, да и без них рассказ мой имеет в себе слишком много северной долготы.

— И дядюшка ваш так был поражен этим, что пошел в монастырь? — спросил сфинкс в зеленом сюртуке.

— В монастырь, — отвечал артиллерист, снова закуривая трубку, — только ровно тридцать лет спустя, когда он имел несчастие потерять имение и зубы.

— Но неужели он не был довольно любопытен, чтобы расспросить у человека с двухствольным ружьем или хоть у двуносой его собаки, почему он спасает его ни дай ни вынеси и так удачно, кстати? — спросил гвардейский капитан.

— Прошу извинить, капитан, — возразил артиллерист, — дядя мой не забыл этого, и добрый вожатый вкратце, но ясно разгадал ему все. Он был киевлянин, то есть полуполяк-полурусский, женился в Риге на немке из любви, не имея ни гроша за душой и ни пяди земли в подсолнечной. Но будучи лихим стрелком, он воспользовался слухами о привидениях в замке и поселился там с женою, охотясь в окрестности и продавая дичь в ближнем местечке. Боясь, чтобы смелость польских панов, которые съехались туда на совещание об истреблении русских, не была примером для других, он с женою согласился пугнуть их порядком: она набелилась, надела белое платье и, видя, что дядю моего хотят изрубить сонного, вбежала с ужасающим криком в залу, в самую минуту свалки. Паны разбежались от страха. Желая вовсе спасти его от преследований, которые не замедлили бы конечно, когда образумятся беглецы, она упросила мужа проводить его к русским, о приближении которых носились слухи. Прочее вы можете, господа, разгадать сами.

— Это слишком обыкновенная развязка, — сказал таинственный человек со вздохом.

— В другой раз я вас угощу такою страшною повестию, — отвечал артиллерист с ироническою усмешкой, — что не только ведьма станет творить молитву, сидя на трубе, по словам баллады, но даже нерожденные младенцы перекрестятся во чреве матернем и все нянюшки вздрогнут спросонок.

— Теперь ваша очередь что-нибудь рассказать, — сказал драгунский капитан соседу своему, молодому гусарскому офицеру, который, завернув носик в меховой воротник ментика, из лени или от слабости, во все это время не вымолвил ни слова и потому не обращал на себя внимания, — гусарская ташка — арсенал любовных писем и чудных или забавных выдумок и приключений.

— Не лучше ли идти спать? — возразил гусар. — Вам, наверное, во сие приснится более занимательного, чем вы можете услышать от меня.

Разумеется, возражения задождили отовсюду.

— Сон своим чередом, — говорили одни.

— Завтра ни мое, ни ваше, — толковали другие.

— Хоть лепту в казну общего удовольствия, — возглашали все хором.

Гусар сдался.

— Господа! — сказал он, — я расскажу вам случай, который имеет только два достоинства: во-первых, он не выдумка, во-вторых, он краток. Ему-то благодаря я принужден был приехать сюда лечиться. Прошу прослушать.

Три года тому назад полк наш переходил на новые квартиры в Гродненскую губернию. Это было в августе месяце, то есть в самую веселую пору для сельских жителей. Поляки везде встречали нас радушно, и каждая дневка наверно знаменовалась балом или обедом у которого-нибудь нз панов окрестных. Всякий военный сознается, что нигде нельзя найти большего удовольствия, как в польском обществе. Гостеприимство мужчин, остроумие женщин, непринужденная веселость и эта светская образованность или по крайней мере товарищеские приемы во всех невольно вас очаровывают, и вы довольны с самыми малыми средствами. Прибавьте к этому тысячи развлечений: охоту, стрельбу, катанье, гулянье, танцы и любовь — стихию польских дам, — и вы не удивитесь, что русские воздыхают об этом крае, обетованном для юношей. Я сам не любил терять времени за картами или за трубкою, и каждый часок, на который мог урваться от службы, конечно, посвящен был прекрасному полу. Бывало, устав от похода, скачешь за несколько миль, чтобы рассидеть вечерок или отгрянуть мазурку с милою дамою, которую видишь в первый, а может быть, и в последний раз. Чуть завидя на балконе вьющиеся ленты, перья или платья — сейчас кивер зверски набекрень, бурку наопашь, и скачешь во весь опор к крыльцу, молодецки

141

осаживаешь коня с лансады, и прежде чем хвост ляжет на землю, я уже на третьей ступени. Входишь, бывало, котом — что костей не слыхать, раскланиваешься, представляешь самого себя хозяевам, режешь по-польски, не краснея, — и пошла потеха! Гитара настраивается, фортепьяна звучат, — и вместо флейты аккомпанемент из нежных вздохов. В промежутках толкую с матерью о хозяйстве, рассказываю дочерям новый роман Вальтер Скотта, не забывая главы из собственного, хвалю и цитирую молодым людям польские непечатные стихи и восхищаюсь с отцом славою Косцюшки. Добрый старик со слезами патриотизма говорит об отчизне своей, ищет сабли, не может забыть Наполеонова гения, любезности французов и вкуса венгерского вина, от которого у него осталась в ногах подагра, а парижские союзники в погребе его оставили одни черепки. Но все веселы, все довольны, и время летит на крыльях забавы.

Однажды, подходя к одной мызе, меня встретил наш эскадронный квартиргер, по обыкновению на маленькой обывательской лошадке, так что издали казалось, будто у нее шесть ног.

«Знатная квартира, ваше благородие, — сказал он мне, снимая фуражку, — конюшня чище горницы, речка у ворот для водопою, и соломы в пояс».

«Есть ли паненки?»

«Целых три, ваше благородие».

«И хороши?»

«Что твой месяц, ваше благородие, кровь с молоком! Одна другой чище, одна другой дороднее, так что глаза разбегаются. Одна беда: они собираются ехать верст за десять к дядюшке на именины».

Признаться, вкус и похвалы квартиргера мне были весьма сомнительны, и, зашедши на минуту к хозяину, я уверился, что предчувствия мои не напрасны: три дюжие панны, разряженные в пух и перья, мне вовсе не понравились; в формах тела, как и в поэзии, я люблю что-то неопределенное, и я очень охотно принял предложение ехать с ними в гости, поискать инде счастия. Переодевшись, я поскакал вслед за болтливою их линейкою, и через час мы были уже у пана Листвинского, доброго старосветского поляка, куда съехалось довольно соседей и соседок. Между последними я встретил одну даму, знакомую мне еще в Вильне, которая имела все потребные качества, чтобы свести с ума самого хладнокровного человека: каждая шутка ее была мила и колка, подобно розе, а взгляды — настоящий греческий огонь. Подле нее за столом, преследуя ее в саду, безотвязен в танцах, я ничего не видел, кроме приманчивой знакомки своей, и не заметил, как минул день и вечер. Перед ужином, по моде, многие разъехались; по обычаю, многие остались ночевать. Меня все уговаривали последовать благому примеру, — а пуще всех сердце; но зная, что завтра мне достанется в дежурство, я не мог и не хотел согласиться. К виленской красавице каждые полчаса приходили с докладом, что сбираются тучи, что будет гроза, что крапает дождик... Я понимал, что это значит, — она упрашивала остаться, но я скрепил сердце и был непреклонен. Упрямство нравится женщинам, и эта выходка пригодилась бы мне вперед. Она уверяла меня, что я промокну, простужусь, могу заблудиться или попасть в реку; что лес, через который мне должно ехать, теперь небезопасен от беглых, ставших разбойниками. Я возражал, что простуда будет спасительна пылкому сердцу; что купанье в реке может излечить меня, как пучина Левкада; что все разбойники в свете мне менее страшны, чем жестокая женщина; наконец, что долг службы и самое благоразумие требуют моего удаления, — и завтра, может быть, я буду не в состоянии оторваться от ног ее. Станется, в этих словах было немного и правды, но все шло за шутку; она смеялась, я был грустен и радостен в одно время, и, наконец, зловещая кукушка выпрыгнула с шумом из дверец стенных часов, прокуковала двенадцать и скрылась. Душа во мне замерла; я стал прощаться.

«Ветер ужасный, дождь идет ливмя», — сказали мне.

«И все-таки я еду!»

«Но темнота, но звери, но разбойники?»

«Русский ничего не боится! Коня!» — и с этим словом я уж был на крыльце. Все вышли провожать меня, упрекая в упрямстве; я отдал поклоны кому следовало, бросил значащий взор красавице моей — и ногу в стремя, и шпоры в бок, и через четверть часа уже был в дремучем лесу.

Я долго мыкался по белому свету, много странствовал в чужбине и в отечестве, но нигде, даже в самой Сибири, не видал таких густых лесов, как в Литве. Бывало, охотясь за дичью, зайдешь в такую чащу и глубь, куда от века не проникал солнечный луч, ни крыло ветра. Во многих местах растаявшие снега образуют глубокие болота и огромные деревья кажутся водяными растениями. В других сосны тлеют на корне, не имея простора упасть. Толстые пни лежат под мохом и травою, как трупы великанов, и мертвое молчание нарушается только стуком дятла по дуплистому дубу или гробовым карканьем ворона, которого тень налетает на вас и наводит невольный трепет. В таком точно лесу ехал я. Буря уже затихла; один мелкий дождь роптал, пробираясь по листьям, и звук подков, бьющих о корни елей, которые змеями перевивались через тропинку, далеко раздавался по бору. Мне казалось днем, что я хорошо замстил дорогу, но, судя по времени, давно бы уже следовало быть дома; ехал, ехал, а селения нет как нет! Передо мной едва светлела узкая тропа, а над головой низко склонялся свод неба, отягченный тучами. Наконец заметил я, что лес редеет, и скоро почувствовал, что конь мой бежит по траве, потом по вязкой почве, потом вовсе по болоту. Удивленный тем, я слез долой и уверился, что битая дорога потеряна. Куда идти? Позади чернел бор, впереди слышалось журчанье речки, и я побрел к ней по затопленному лугу, таща в поводу коня своего. Достигнув берега, мне показалось, на той стороне разбросана деревня; как теперь гляжу — заборы, кровли и трубы обрисовывались во мраке; в одном окне виднелся огонек, и под ним стоял патронный ящик — верный признак квартиры эскадронного командира. Мне чудилось даже, будто я различаю, как подле ящика расхаживает часовой, как возникает на ветре ночной переклик его слушай! — а потом сливается с безмолвием ночи.

Несколько раз кричал я часовому, но все было тихо. Прислушиваюсь: только паденье дождя, только шумок лопающих в речке пузырьков и журчанье быстрины, пробивающейся сквозь рыболовную заколь, отвечало мне. Воображая, что голос мой не достигает ни до часового, ни до селения, погруженного в мертвый сон, я решился переправиться через реку во что бы ни стало. Сон и усталость одолевали меня, и, кроме того, я был промочен с ног и с плеч. Так наша братия, дорожа подчас жизнию в случаях важнейших, где нередко выгоды и слава ожидают отважного, иногда готовы рисковать ею за один час успокоения, из одной нетерпеливости или прихоти. Речка была не широка, но глубока, и я решился перебресть ее по шаткому плетню заколи. Пудель мой переплыл первый и визгом звал на другую сторону; зато я насилу мог согнать в воду коня: он храпел и упирался на плаву; между тем как я осторожно переступал по сучьям, беспрестанно изменяющим ноге, он уздой тащил меня то вперед, то в сторону. На самой середине, где вода кипела через плетень, обманутый тенью, я оступился и ухнул в воду выше колена. К счастию, другая нога удержала меня, я кое-как справился и, хватаясь за верхи кольев, торчащих из воды, добрался до другого берега, хоть мокр, но жив. Едва ступил я на суходол — создания мечты моей рассеялись: нет ни селения, ни зарядного ящика, ни часового; все дичь, и лес, и пустыня кругом; но огонек точно мелькал между ветвями и согрел во мне надежду найти какую-нибудь избушку для приюта.

Спешу туда, приближаюсь, — и что же? То была ветхая униатская часовня с деревянным крестом наверху, и из ее-то маленького окошечка едва лилось слабое сияние лампады.

Я привязал коня за угол и толкнул железом кованные двери; они растворились — и глазам моим представился гроб и в нем покойник, покрытый саваном.

Как ни был я чужд предрассудков, но такая нежданная встреча неприятно изумила меня. Сама природа вложила в нас таинственный ужас при виде разрушения себе подобных и нас самих ожидающего. Но так как в свете нет вещей, к которым не привыкло бы воображение, особенно подкрепленное неизбежностию, то, раздумав хорошенько, что ночевать под кровлею все-таки лучше, нежели мокнуть в грязи, что находка моя нисколько не чудесна, потому что и у нас, русских, и у литвинов-униатов выносят всегда покойников из деревень в церковь или в часовню, и, наконец, что мертвое тело есть не более как глыба земли и, конечно, не побеспокоит меня своим соседством, — я стоически бросил свою мокрую бурку в угол и улегся как мог, закрыв плечи сухим углом ее, и положил в голову пуделя, верного товарища в трудах и забавах. К удовольствию моему, почувствовал я, что небольшая печка, сложенная, вероятно, для разжигания углей в кадило, была топлена и разливала кругом приятную теплоту. Одно показалось мне странно — из нее пахло жарким, а покойники, сколько мне было известно, не ужинают! Но чтец и караульщик могли, поминая покойного, не забыть и свое человечество; так мудрено ли, что вздумали наутро упитать наемную печаль свою куском баранины? В этих мыслях начал я засыпать… Воображение гуляло бог знает где; мысли путались и бледнели; как вдруг пудель мой заворчал, и очень сердито. Я взглянул вполглаза на гроб, и мне показалось, будто мертвец приподнимает голову; долго и пристально смотрел я, но теперь он был вновь неподвижен, и полотно, закрывавшее лицо его, лежало спокойно, не волнуясь даже от ветра. Лампада перед образом меркла и тускнела, почти погасая, — и мрак, обступая меня, стал проливать какой-то неведомый страх в сердце. Привидения всегда заводятся в темноте, как червячки в лимбургском сыре; это испытал, я думаю, всякий, и человеческая храбрость в этом отношении едва ли не закатывается вместе с солнцем на другое полушарие. Иной молодец, насмехаясь над сказками и причудами, в полдень грозится Поймать черта за хвост, если бы он дерзнул к нему явиться, а в полночь за версту обходит кладбище и сердце у него бьет тревогу от полета летучей мыши. Признаюсь откровенно, что необыкновенная охота покойника заглянуть мне в лицо, а может быть, и откусить мне голову, как маковку, сначала весьма меня встревожила. Вся эта сцена была точь-в-точь как в «Светлане» Жуковского, но я не видал вблизи голубка-хранителя, который мог бы защитить меня от зубов кровопийцы. Однако же мало-помалу уверенность возвратилась.

Что до мертвых, что до гроба? Мертвых дом — земли утроба, — сказал я самому себе и обернулся к стене. От прелестных стихов Жуковского, где месяц светит и мертвец едет, мысль моя на Астольфовом гиппогрифе залетела на луну, на которой, говорят, живут люди, которые пьют воздух и строят стены от ветра. Отдохнув в этой гостинице земли, как сказано в отчете о луне, с нее сквозь Гершелев телескоп и через

Петербургскую обсерваторию спрыгнул я на материк подле биржи. Биржа напомнила мне свежие устрицы; от них перешел я к патриотическому желанию, чтобы у нас удабривали поля устричными раковинами, для экономии; потом вздумал о превосходстве многопольной методы; потом о капусте вообще и о свекловице в особенности; с этим связалась идея континентальной системы; потом идея о скале св. Елены; потом о супе из костей графа Румфорда, сваренном на дыму чужой трубы; потом о курении вина в деревянных чанах; потом о просвещении в России; далее о карманной паровой машине, хозяйственно приспособленной к действию зубочистки; далее, по странному сцеплению мыслей, о поездке на пароходе в Кронштадт с прелестною англичанкою; с него прыгнул я в Ост-Индию, взглянул на прядильные машины, которыми британцы тянут целый свет в свою нитку; потом подумал о коварной их политике, о сдаче Праги, бомбардировании Копенгагена, о греческом восстании, о лорде Байроне; потом о скаковых лошадях, до которых все великие поэты были страстные охотники, — потом, господа, все это вместе могло бы составить заглавный листок «Телеграфа» и, верно, усыпило бы вас так же, как усыпило оно меня. Очень помню, что последний образ, с которым окунулся я в сонную Лету, был милая виленская дама, — и только. Должно полагать, пестрая моя дума крепко и глубоко усыпила меня, потому что хотя я и не однажды слышал ворчанье и громкий лай собаки, лежащей у меня вместо подушки, но никак не мог открыть глаз. Наконец пудель с визгом выпрыгнул из-под головы моей, и я, испуганный, вскочил на ноги. Вообразите, какая картина была передо мной; мертвец злобного лица, со сверкающими очами и с ножом в руке, порывался ко мне, между тем как пудель грыз его, ухватя за горло. Кровь ручьем бежала по савану, и он с проклятиями и глухим стоном боли боролся с остервенившимся животным, а оно, хотя два раза пораженное ножом, не покидало своего противника. В то же самое время я увидел за печью бородатое лицо другого разбойника, который целил в меня из ружья; и еще двое, подняв доску подполья, готовились вылезать на помощь к товарищам… Еще миг — и было бы поздно! Раздумывать некогда, а защищаться нечем: я имел неосторожность в одном доломане, без сабли, выехать из дому.

К счастию, в руке моей был плетеный хлыст с тяжелою бронзовой рукояткой, — и им-то со всего размаху ударил я в голову одетого в саван злодея; он зашатался, упал, и я через него кинулся в двери. Выстрел и другой полетели вслед, но оба ударились в притолоку. Спрыгнул опрометью со схода — и к лошади… За повод — он затянут узлом; тороплюсь — и путаю крепче; рву — не рвется!! Убийцы за мной, — но отчаяние двоит мои силы, повод пополам, я перекидываюсь через седло, вскрикиваю — и борзый конь уносит меня как вихорь, куда ему хочется. Грязь брызжет, ветви хлещут в лицо, — лечу стремглав по берегу речки, влево, на старый мост, который, гремя, качается под скоком, гнилое бревно хрупает — и конь мой со всех ног падает на скользкий помост. Больно ушибленный, силюсь я встать, слышу топот погони, конь бьется и скользит, — гибель неизбежная!

Удачная попытка подняла, однако ж, бегуна моего, и я снова помчался во весь опор. Разбойники между тем настигали меня, гаркая и угрожая.

«Не уйдешь от нас!» — кричали они.

«Бей его, режь!» — звенело в ушах моих.

Еще выстрел просвистал мимо, — но он подстрекнул моего коня; однако ж это усилие было лишь на несколько шагов. Погоня не переставала, а бегун мой хрипел, качаясь на скаку, как вдруг я увидел вблизи крестьянскую избу, и огонь в окнах ее, и будто мелькающие тени людей. С напряженным биением сердца, задыхаясь, с холодный потом на лице, направлял я к ней побег мой, — доскакал, бросил коня непривязанного и с криком: «Спасите, спасите!» вбежал в двери.

Первое, что представилось мне, был гроб и тусклое сияние свечей в дыму ладана. Я невзвидел свету… Природа не выдержала более… Сердце мое закатилось — я без чувств рухнул на пол!! . . . .

Я опамятовался уже на другой день, в доме пана Листвинского. Издыхающий пудель мой лежал подле кровати, пробитый ножом местах в пяти, и кровью своею заверял, что происшествие ночи не был сон горячки, меня палившей. Бедное верное животное с радостию лизало мою руку, и я тронут был до слез его преданностию и скоро потом его смертию. К стыду людей, должен я сказать, что эта собака была моим лучшим другом и своею жизнию искупила мою!

Взаимные объяснения не замедлили. Хозяин рассказал мне, что я упал в обморок в его деревне, в избе одного крестьянина, у которого накануне умерла мать, и по ней совершали тогда панихиду. Мой рассказ удивил его более. В ту же минуту, с пособием исправника, послан был обыск в роковую часовню, — но в ней не застали уже разбойников. Там нашли только лоскутья добычи, изломанное оружие и несомненные следы их пребывания. Вероятно, они избрали часовню своим притоном по уединенному ее положению, а вздумали играть комедию мертвеца, чтобы удалить любопытных и заманить на верную гибель отважных. Расшитый золотом доломан соблазнил их, и я, конечно, исчез бы с лица земли, ежели бы сторожкий пудель мой не был со мною.

Скоро минул для меня светлый час присутствия разума. Нервная горячка, следствие испуга и простуды, повергла меня на шесть недель в беспамятство. Я оправился на тот раз, но потрясение было жестоко; с той поры здоровье мое, видимо, стало склоняться к западу, и, наконец, доктора присоветовали мне для исцеления Кавказские воды. Здесь я в самом деле чувствую себя гораздо лучше, но половиною моего выздоровления, господа, я, конечно, обязан удовольствию знакомства с вами.

— Благодарим за честь приветствия и занимательность рассказа, — произнес гвардеец, благодаря гусара от лица всего собрания, — премилая повесть!

— Тем более что она с романтическою завязкою соединяет историческую достоверность, — прибавил драгунский капитан.

— А всего более потому, что она последняя, — возразил гусар, улыбаясь. — Господа, уже два часа ночи!

Стулья загремели, и все схватились за разбор шляп, калош и шинелей.

— Часы люди выдумали, — сказал таинственный человек, ожидая, что на скрепу заседания кто-нибудь расскажет повесть, в которой явился бы сам лукавый au naturel[287].

— И мы не боги, — возразил артиллерист, — и потому должны жертвовать сну волей и неволей.

Видя, что все выходят, зеленый сфинкс поспешил последовать общему движению и забился в середину толпы, чтобы, в случае нападения горцев, быть в безопасности по крайней мере от выстрелов, — и для этого оп избрал своим мантелетом рязанского толстяка. Дорогою успел он насказать о зверстве и дерзости чеченцев тьму ужасов: как два года тому назад они увезли отсюда двух дам с дочерьми и еще очень недавно убили часового на редуте.

— Но что сталось с племянником полковника? — любопытно спрашивали многие друг друга. — Что заставило самого полковника, бледнея, покинуть залу?

— Я бы дал отрезать себе левое ухо, чтобы услышать первым окончание повести о венгерце, — сказал сфинкс.

— Может быть, господа, — сказал я, — ваш покорный слуга будет вам полезен в этом случае; полковник мне приятель, и если тут нет домашних тайн, он объяснит нам все. Утро вечера мудренее.

— Итак, до приятного свидания, милостивый государь! Доброго сна, господа! Покойной ночи, господин читатель!

---

[287] В натуральном виде (фр.)

СПИСОК